SÉRIE TEORIA E PRÁTICA DAS ARTES VISUAIS

Leis de incentivo e sistemas colaborativos de financiamento
Ulisses Quadros Galetto de Moraes

2ª edição

Rua Clara Vendramin, 58 · Mossunguê · CEP 81200-170 · Curitiba · PR · Brasil
Fone: (41) 2106-4170 · www.intersaberes.com · editora@intersaberes.com

Conselho editorial
Dr. Alexandre Coutinho Pagliarini
Drª Elena Godoy
Dr. Neri dos Santos
Mª Maria Lúcia Prado Sabatella

Editora-chefe
Lindsay Azambuja

Gerente editorial
Ariadne Nunes Wenger

Assistente editorial
Daniela Viroli Pereira Pinto

Edição de texto
Monique Francis Fagundes Gonçalves

Capa
Sílvio Gabriel Spannenberg (*design*)
clivewa/Shutterstock (imagem)

Projeto gráfico
Conduta Design (*design*)
vermilion2006/Shutterstock (imagem)

Diagramação
Bruna Jorge

***Designer* responsável**
Sílvio Gabriel Spannenberg

Iconografia
Regina Claudia Cruz Prestes

Dados Internacionais de Catalogação na Publicação (CIP)
(Câmara Brasileira do Livro, SP, Brasil)

Moraes, Ulisses Quadros Galetto de
   Leis de incentivo e sistemas colaborativos de financiamento / Ulisses Quadros Galetto de Moraes. -- 2. ed. -- Curitiba, PR : Editora Intersaberes, 2023. -- (Série teoria e prática das artes visuais)

   Bibliografia.
   ISBN 978-85-227-0425-5

   1. Incentivos - Leis e legislação - Brasil 2. Brasil - Política cultural 3. Cultura - Brasil 4. Cultura - Financiamento 5. Fundos de investimentos 6. Sistema financeiro nacional - Brasil 7. Sistema financeiro nacional - Leis e legislação I. Título. II. Série.

23-140936   CDD-353.70981

Índices para catálogo sistemático:

1. Brasil : Política pública de cultura : Leis de incentivo : Administração pública 353.70981

Eliete Marques da Silva - Bibliotecária - CRB-8/9380

1ª edição, 2017.
2ª edição, 2023.

Foi feito o depósito legal.

Informamos que é de inteira responsabilidade do autor a emissão de conceitos.

Nenhuma parte desta publicação poderá ser reproduzida por qualquer meio ou forma sem a prévia autorização da Editora InterSaberes.

A violação dos direitos autorais é crime estabelecido na Lei n. 9.610/1998 e punido pelo art. 184 do Código Penal.

Sumário

Apresentação 9
Introdução 11
Organização didático-pedagógica 13

1 Leis de incentivo: mecanismos em aperfeiçoamento **17**
    1.1 História 20
    1.2 Modelos federais de incentivo à cultura no Brasil 37
    1.3 Mecanismos da Lei Rouanet 54

2 O público e o privado: as relações no financiamento de projetos culturais **73**
    2.1 Os números no Brasil 76
    2.2 Razões e justificativas 96
    2.3 Financiamento coletivo: *crowdfunding* 110

3 Da teoria à prática: elaboração de projetos culturais **123**
    3.1 Como viabilizar uma ideia 126
    3.2 Leis de incentivo: elaboração de projetos 133
    3.3 Financiamento coletivo: dicas e procedimentos 146

Considerações finais 157
Referências 159
Bibliografia comentada 167
Apêndice 169
Respostas 173
Sobre o autor 175

Este livro é dedicado a Grace Torres e ao Grupo Fato.

Apresentação

Há muito, registram-se comentários críticos acerca das leis de incentivo brasileiras. Em suas várias modalidades de funcionamento e nas diferentes instâncias do Estado brasileiro, os mecanismos de isenção fiscal ou de investimento direto com base em recursos públicos têm despertado interesse, não apenas de seus usuários, em sua maioria artistas e produtores culturais, mas também de intelectuais e pesquisadores. Críticos à participação da iniciativa privada nos moldes em que ocorre, boa parte daqueles que se manifestam sobre o assunto consideram aspectos da natureza dos recursos (públicos) e sua "apropriação" por agentes privados (empresas e pessoas físicas).

Em que pesem a validade dos argumentos e a nossa concordância com muitos deles, é importante apresentarmos a você, leitor interessado, dados retirados de bases empíricas, bem como compararmos esses dados entre as diversas leis instituídas em todo o país e mesmo em outros países, resguardadas as diferenças entre eles.

A contextualização desses mecanismos também é de extrema importância. Implementadas ora em momentos de escassez de recursos, ora em períodos de abertura das economias, as leis de incentivo podem ser, em certa medida, um espelho, ainda que limitado, das sociedades das quais emergem.

Em um momento em que grande parte dos recursos públicos investidos em cultura no Brasil são empregados por meio de algum tipo de lei de incentivo, este livro se mostra como uma contribuição para o entendimento do processo histórico que deu origem a tais mecanismos, seus resultados efetivos e suas limitações em relação aos anseios mais justos de artistas, produtores e realizadores culturais do Estado em suas diversas instâncias e de toda a sociedade brasileira.

Voltado para estudantes das mais variadas áreas do conhecimento, o conteúdo que apresentamos aqui é de grande utilidade a professores, alunos, pesquisadores e interessados no tema *cultura*, seus mecanismos de financiamento, públicos e privados, bem como seus resultados práticos efetivos nos últimos 40 anos.

Introdução

Sobretudo nas últimas décadas, muito tem sido discutido sobre o papel das produções artísticas na sociedade e sobre os limites da responsabilidade do Estado, em suas diversas instâncias, no fomento às produções dos mais variados segmentos. De uma postura eminentemente mercantil no âmbito federal, no qual a ideia de que "cultura é um bom negócio" pautou oito anos de gestão do Ministro Francisco Weffort[1], a uma incisiva atuação do Estado a partir de 2003, o período se caracteriza pela ocorrência de profundas mudanças no entendimento sobre as questões relacionadas à produção artística e cultural no Brasil.

Essas mudanças impactaram eixos importantes da economia, em decorrência dos financiamentos públicos concedidos à produção, à circulação e à divulgação de bens simbólicos[2]. Notadamente para segmentos inseridos em processos industriais de produção, os impactos dessas mudanças foram bastante significativos.

Entretanto, uma questão pernamece nos debates relativos à utilização de recursos públicos canalizados para as produções artísticas e culturais: a participação da iniciativa privada, na forma de pessoas jurídicas (PJs, as empresas) e de pessoas físicas (PFs, os cidadãos).

---

1   Francisco Weffort foi ministro da Cultura nos dois mandatos do Presidente Fernando Henrique Cardoso (1995 a 2002).

2   O conceito de *bem simbólico* foi forjado pelo francês Pierre Bourdieu (1930-2002). Segundo o pensador, todas as vezes que uma produção artística ou cultural recebe um valor monetário, ela se transforma em mercadoria. Isso implica a formação de um mercado consumidor e, por consequência, de uma cadeia de produção voltada também para o consumo, o que caracteriza essa determinada produção artística e/ou cultural como um bem com valor monetário agregado, ou um bem simbólico. Para saber mais, consulte os livros *As regras da arte* (2002), *O poder simbólico* (2003) e *A economia das trocas simbólicas* (2005), de Bourdieu, todos constantes na lista final de referências desta obra.

País pioneiro no mundo em leis de incentivo voltadas à cultura, o Brasil tem nesse mecanismo uma importante fonte de recursos que incrementaram diversos segmentos artísticos. A despeito dos inúmeros avanços, ainda há arestas a serem aparadas. A concentração de recursos em regiões com alto vigor econômico se acirrou – sobretudo na Região Sudeste; artistas já consolidados no mercado consumidor nacional também têm utilizado significativos volumes de recursos públicos em suas produções; e talvez a mais problemática das questões: grandes conglomerados empresariais se beneficiaram dos abatimentos totais de seus investimentos em cultura pelo viés das isenções fiscais – Lei Rouanet e outras do gênero[3].

Essas e outras questões são abordadas nesta obra, ao lado de breves exposições sobre os mecanismos de incentivo (isenções fiscais) implementados em estados e municípios brasileiros a partir, principalmente, dos anos 1990.

Também contemplamos outro mecanismo de financiamento às produções artísticas e culturais: trata-se das plataformas de financiamento coletivo ou *crowdfunding*[4], um modelo em franco desenvolvimento no Brasil e que, dentro de certos limites, serve como alternativa para os tempos de escassez de recursos públicos e de crises econômicas.

Enfim, damos agora início à nossa caminhada rumo ao entendimento das leis de incentivo à cultura e dos sistemas de financiamento coletivo.

Boa leitura e bom trabalho!

---

3   Apesar de nossa atenção neste livro estar voltada para a Lei Rouanet e para as leis estaduais e municipais de incentivo à cultura, cabe destacarmos a existência de outros mecanismos em âmbito federal, dentre os quais a mais importante é a Lei n. 8.685, de 20 de julho de 1993, a chamada *Lei do Audiovisual*, criada no governo Itamar Franco (Brasil, 1993b).

4   Do inglês *crowd* ("multidão") e *funding* ("financiamento"), podemos traduzir livremente *crowdfunding* como "financiado (ou financiamento) pela multidão".

Organização didático-pedagógica

Esta seção tem a finalidade de apresentar os recursos de aprendizagem utilizados no decorrer da obra, de modo a evidenciar os aspectos didático-pedagógicos que nortearam o planejamento do material e como o aluno/leitor pode tirar o melhor proveito dos conteúdos para seu aprendizado.

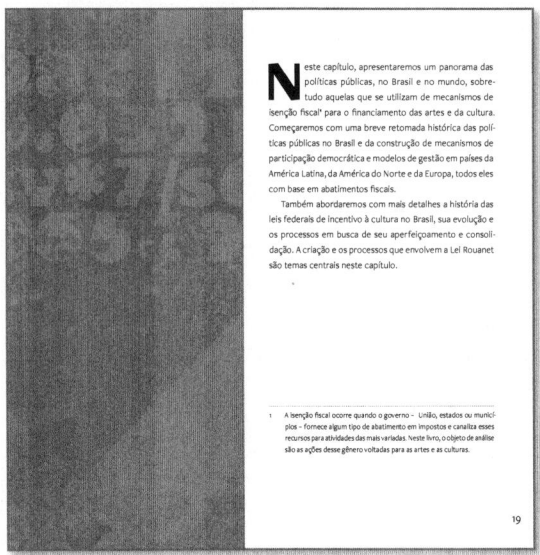

Introdução ao capítulo

Logo na abertura do capítulo, você é informado a respeito dos conteúdos que nele serão abordados, bem como dos objetivos que o autor pretende alcançar.

Síntese

Você conta, nesta seção, com um recurso que o instigará a fazer uma reflexão sobre os conteúdos estudados, de modo a contribuir para que as conclusões a que você chegou sejam reafirmadas ou redefinidas.

Atividades de autoavaliação

Com estas questões objetivas, você tem a oportunidade de verificar o grau de assimilação dos conceitos examinados, motivando-se a progredir em seus estudos e a se preparar para outras atividades avaliativas.

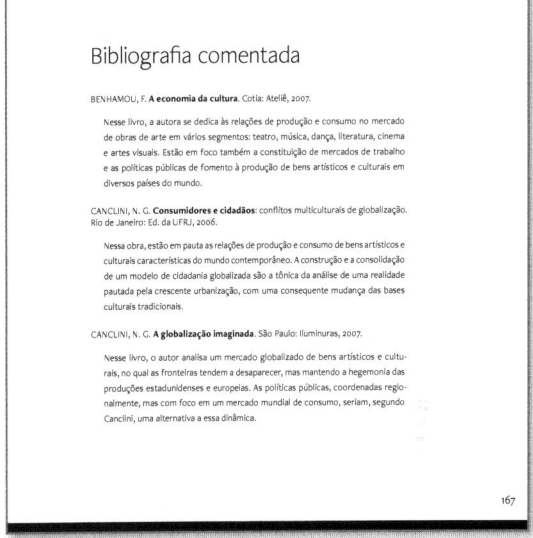

Atividades de aprendizagem

Aqui você dispõe de questões cujo objetivo é levá-lo a analisar criticamente determinado assunto e aproximar conhecimentos teóricos e práticos.

Bibliografia comentada

Nesta seção, você encontra comentários acerca de algumas obras de referência para o estudo dos temas examinados.

Leis de incentivo: mecanismos em aperfeiçoamento

Neste capítulo, apresentaremos um panorama das políticas públicas, no Brasil e no mundo, sobretudo aquelas que se utilizam de mecanismos de isenção fiscal[1] para o financiamento das artes e da cultura. Começaremos com uma breve retomada histórica das políticas públicas no Brasil e da construção de mecanismos de participação democrática e modelos de gestão em países da América Latina, da América do Norte e da Europa, todos eles com base em abatimentos fiscais.

Também abordaremos com mais detalhes a história das leis federais de incentivo à cultura no Brasil, sua evolução e os processos em busca de seu aperfeiçoamento e consolidação. A criação e os processos que envolvem a Lei Rouanet são temas centrais neste capítulo.

---

1   A isenção fiscal ocorre quando o governo – União, estados ou municípios – fornece algum tipo de abatimento em impostos e canaliza esses recursos para atividades das mais variadas. Neste livro, o objeto de análise são as ações desse gênero voltadas para as artes e as culturas.

1.1 História

As leis de incentivo à cultura no Brasil são bastante recentes: seu início data de 1986, quando da criação do primeiro mecanismo do gênero, a Lei n. 7.505, de 2 de julho de 1986 (Brasil, 1986b). Conhecida como *Lei Sarney*, ela foi idealizada nos anos 1970 pelo então senador da República José Sarney, mas viabilizada apenas no segundo ano de seu mandato presidencial, no ano de 1986. A essa ação seguiram-se, no plano federal, a Lei Rouanet – Lei n. 8.313, de dezembro de 1991 (Brasil, 1991a), a Lei do Audiovisual – Lei n. 8.685, de 20 de julho de 1993 (Brasil, 1993b) e diversas outras ações com base nos mesmos princípios: as isenções fiscais. Da mesma forma, diversos entes federados, entre estados e municípios, instituíram leis de incentivo à cultura, sobretudo a partir dos anos 1990, o que tornou esse tipo de lei o principal mecanismo de aporte de recursos às produções artísticas e culturais brasileiras.

Ainda que outros países do Ocidente tenham mecanismos similares com base em isenções fiscais, a modalidade **lei de incentivo** é uma característica brasileira. Nas demais nações, há, sobretudo, mecanismos diretos de abatimento, com estruturas contábeis distintas.

1.1.1 Políticas públicas brasileiras para as artes e as culturas[2]

Ana Carla Reis (2009, p. 3) explica a atuação do Estado no que se refere às políticas públicas na área das artes e das culturas:

---

[2] Conteúdo adaptado da nossa tese de doutoramento no Departamento de História da Universidade Federal do Paraná (UFPR), com o título *Políticas públicas para o audiovisual: as isenções fiscais e os limites entre o Estado e a iniciativa privada – 1986-2010* (Moraes, 2013), devidamente incluída na lista final de referências desta obra.

Para a implementação da política cultural, o Estado age de duas formas: direta e indiretamente. Ao atuar de forma direta, faz as vezes de um agente cultural, realizando os projetos que lhe parecem fundamentais. Para isso, ele garante a existência dos instrumentos da política cultural, criando e mantendo as instituições culturais de caráter público e os órgãos da Administração direta (secretarias municipais e estaduais da cultura, Ministério da Cultura, conselhos de arte, comitês julgadores dos projetos, etc.). Além disso, pode agir de forma indireta, incentivando a participação da iniciativa privada no fomento à produção cultural do país, especialmente por meio de leis de incentivo cultural, conforme os objetivos estabelecidos em sua política.

Em 80 anos de atuação no campo da cultura, o Estado brasileiro criou e extinguiu institutos, secretarias, ministérios, fundações e autarquias, com vistas a implementar modelos de gestão pública capazes de estimular o desenvolvimento de um mercado nacional para a produção cultural.

Para Antonio Rubim (2007, p. 14-15),

> dois experimentos, praticamente simultâneos, inauguram as políticas culturais no Brasil. [...] Tais experimentos são: a passagem de Mário de Andrade pelo Departamento de Cultura da Prefeitura da cidade de São Paulo (1935-1938) e a implantação do Ministério da Educação e Saúde, em 1930, e mais especificamente a presença de Gustavo Capanema, à frente deste ministério de 1934 até 1945.

A administração do escritor Mário de Andrade, ainda que restrita à cidade de São Paulo, foi importante por inaugurar uma estrutura organizada e centralizada de gestão cultural no Brasil, cujo modelo serviu para diversas outras ações nos anos seguintes.

No plano federal, destacamos as instituições criadas a partir da década de 1930:

Superintendência de Educação Musical e Artística; Instituto Nacional de Cinema Educativo (1936); Serviço de Radiodifusão Educativa (1936); Serviço do Patrimônio Histórico e Artístico Nacional (1937); Serviço Nacional de Teatro (1937); Instituto Nacional do Livro (1937); e Conselho Nacional de Cultura (1938). (Rubim, 2007, p. 17)

Essas ações demonstram o interesse do Poder Público em participar diretamente de atividades que, na época, ainda eram desprovidas de atenção por parte do Estado.

Já no período pós-Segunda Guerra, a criação do Ministério da Educação e Cultura, em 1953, estimulou a intelectualidade nacional a dar atenção a questões relacionadas principalmente às culturas tradicionais. Logo depois, foi criada a Companhia de Defesa do Folclore Brasileiro, um órgão executivo ligado àquele ministério, instituído pelo Decreto n. 43.178, de 5 de fevereiro de 1958 (Brasil, 1958).

Na década de 1960, em um período de grande efervescência política, surgiram ações de iniciativa popular, com propostas alternativas ao modelo estatal. Os Centros Populares de Cultura (CPCs), da União Nacional dos Estudantes (UNE), foram um dos principais expoentes, ligados a um espírito de participação coletiva com o propósito de promover a aproximação das manifestações artísticas e culturais dos anseios políticos transformadores. Com isso, arte e revolução andaram juntas, mas apenas por pouco tempo.

Em 1964, com o golpe militar, ocorreram profundas transformações no modelo do Estado, ainda que o espírito de intervenção pública tenha se mantido. Se, no plano democrático-popular, as iniciativas tiveram seus objetivos frustrados, o governo brasileiro manteve e, em certos casos, ampliou o nível de investimentos em áreas ligadas à comunicação e à infraestrutura, e mesmo na administração direta da cultura.

Nos anos seguintes, foram criados inúmeros mecanismos administrativos de incentivo e controle de atividades artísticas e culturais: o Instituto Nacional do Cinema – INC (1966), o Ministério das Comunicações (1967), a Empresa Brasileira de Filmes Sociedade Anônima –

Embrafilme (1969), que em 1975 incorporaria o INC, entre outros. Na década de 1970, a Fundação Nacional das Artes – Funarte (1975), o Centro Nacional de Referência Cultural – CNRC (1975), o Conselho Nacional de Cinema – Concine (1976), o sistema da Empresa Brasileira de Comunicação – Radiobrás (1976) e a Fundação Nacional Pró-Memória (1979) foram algumas das principais realizações do governo federal.

É importante lembrarmos que, com a prerrogativa de nomear governadores dos estados e prefeitos de todas as capitais brasileiras e de cidades consideradas de importância estratégica, o governo federal também criou mecanismos para interferir diretamente nos três níveis de poder, inclusive no que se refere às políticas públicas para a cultura.

No plano internacional, as sucessivas crises econômicas que assolaram o mundo a partir de 1973 – em especial os países periféricos do capitalismo mundial como o Brasil – e, no plano nacional, a instabilidade política derivada de um ambiente de contestação contribuíram para o fim da ditadura militar.

Em seus últimos anos, já na década de 1980, o regime dava sinais de desgaste, e as principais estruturas de governo perderam força, ainda que algumas instituições tenham obtido resultados importantes para segmentos específicos.

Em 1984, Tancredo Neves foi eleito o primeiro presidente civil em mais de 20 anos, ainda que por via indireta, pelo Congresso Nacional. Entretanto, no dia 15 de março de 1985, foi José Sarney quem tomou posse como presidente interino, após um súbito problema de saúde de Tancredo, que faleceu em 21 de abril.

Naquele mesmo ano, foi criado o Ministério da Cultura (MinC), por meio do Decreto n. 91.144, de 15 de março de 1985 (Brasil, 1985). Um ano depois, entrava em vigor no Brasil o primeiro mecanismo de incentivo fiscal para a cultura, a Lei n. 7.505, de 2 de julho de 1986 (Brasil, 1986b), conhecida como *Lei Sarney*.

Também no governo de José Sarney, pela Lei n. 7.624, de 5 de novembro de 1987 (Brasil, 1987), foram criadas a Fundação Nacional Pró-Leitura (Pró-Leitura), a Fundação Nacional de Artes Cênicas (Fundacen) e a Fundação do Cinema Brasileiro (FCB), em uma ampliação das ações do Estado para os segmentos artísticos e culturais brasileiros.

Em 1989, após um tumultuado processo eleitoral que se iniciou com 22 candidatos à Presidência da República, Fernando Collor de Mello foi eleito pelo voto direto. Sua posse ocorreu no dia 15 de março de 1990.

Com uma ação marcante e simbólica, Collor extinguiu o MinC e criou a Secretaria da Cultura da Presidência da República (SEC/PR), vinculada diretamente ao Gabinete da Presidência da República. Além desse ministério, várias outras instituições públicas tiveram um ponto final em suas atividades, o que demonstra a visão do primeiro presidente eleito pelo voto direto no Brasil desde 1961. A ideia era que a cultura não se constituía em uma questão de Estado, mas de mercado.

Por meio das Leis n. 8.028 (Brasil, 1990a) e n. 8.029 (Brasil, 1990b), ambas de 12 de abril de 1990, foram extintas a Funarte, a Embrafilme, a Fundacen e a FCB, entre outras instituições. Entrava em vigor o Programa Nacional de Desestatização, implementado pelo governo Collor de Mello, com impactos diretos sobre a cultura nacional. Em dezembro do mesmo ano, Collor criou o Instituto Brasileiro de Arte e Cultura (Ibac), que englobou a estrutura da Funarte, da Fundacen e da FCB.

Em seu segundo ano de governo, no dia 23 de dezembro de 1991, Collor sancionou a Lei n. 8.313 (Brasil, 1991a), que ficaria conhecida como *Lei Rouanet*, em homenagem ao então secretário nacional de Cultura, Sérgio Paulo Rouanet. Em vigor até os dias atuais, essa lei teve, e tem, importância capital para todos os segmentos artísticos e culturais brasileiros.

No dia 29 de setembro de 1992, o Presidente Fernando Collor de Mello renunciou ao seu cargo, em um processo de impedimento que se estendeu por longos meses. Tomou posse então o seu vice, Itamar Franco, que conduziu o país até 1994, quando o cargo foi assumido por Fernando Henrique Cardoso.

Nesse período, Itamar Franco recriou o MinC por meio da Lei n. 8.490, de 19 de novembro de 1992 (Brasil, 1992c), poucas semanas após tomar posse como presidente da República.

Também foi criada a Lei do Audiovisual, a Lei n. 8.685, sancionada no dia 20 de julho de 1993 (Brasil, 1993b), inicialmente com vigência predeterminada: seu término estava previsto para 2003, mas esse prazo foi prorrogado por mais 20 anos por meio da Medida Provisória n. 2.221, de 4 de setembro de 2001 (Brasil, 2001).

Como mencionamos anteriormente, o Presidente Fernando Henrique Cardoso e o Ministro Francisco Weffort (1995 a 2002) governaram de acordo com a ideia de que "cultura é um bom negócio". Ainda que o Estado não tenha abdicado de algumas de suas ferramentas de políticas públicas, a tentativa de aproximação entre Estado e iniciativa privada foi uma marca da gestão pública desse período, cujo principal motor foram as **isenções fiscais**.

Os investimentos realizados por grandes conglomerados de empresas tiveram um incremento significativo. Bancos, empresas petrolíferas, redes de varejo e de produtos de beleza se destacaram nesse cenário, principalmente a partir do final dos anos 1990, tendo como ferramenta principal a utilização das leis de incentivo, sobretudo a Lei Rouanet.

Com um mecanismo de isenções parciais e totais, coforme o segmento artístico contemplado, a utilização do incentivo fiscal se transformou em um dispositivo eficaz para a promoção tanto de marcas incentivadoras – principalmente empresas – como do governo federal e do MinC. Assim, recursos públicos gerenciados por departamentos de *marketing* de grandes empresas se transformaram na tradução precisa de um país no qual a "cultura era um bom negócio". Como bem lembrou Antonio Rubim (2008, p. 61),

> A destinação de apenas 0,14% do orçamento da União para a cultura em 2002, último ano de FHC/Weffort, jamais pode ser tomado como um fator de fortalecimento

> institucional do ministério. [...] Um orçamento digno é, sem dúvida, um indicador vital da importância política e institucional dada pelo governo federal ao Ministério da Cultura e um fator concreto de sua estabilidade.

A partir de 2003, ano da posse de Luiz Inácio Lula da Silva, as estruturas administrativas para gerenciamento da cultura permaneceram praticamente as mesmas, ainda que a atuação do Estado tenha passado por modificações. Ações diretas de financiamento se tornaram a tônica, mas as políticas de isenções fiscais também ganharam importância.

No período pós-2003, destacam-se um empenho para a reformulação da Lei Rouanet; a Política Nacional de Cultura Viva (PNCV)[3], criada em 2004, mas implementada efetivamente como política de Estado a partir da aprovação e sanção da Lei n. 13.018, de 22 de junho de 2014 (Brasil, 2014); e a construção, com a sociedade civil, ao longo de vários anos de participação popular, do Sistema Nacional de Cultura (SNC), transformado em política de Estado com a aprovação da Proposta de Emenda Constitucional (PEC) n. 34/2012, que se transformou na Emenda Constitucional (EC) n. 71, de 29 de novembro de 2012 (Brasil, 2012a), a qual acrescentou o art. 216-A à Constituição Federal (CF) de 1988 (Brasil, 1988).

Na prática, o SNC é um mecanismo de gestão de políticas públicas para a cultura, pactuado entre todos os entes federados: União, estados e municípios. Prevê a participação efetiva da sociedade por meio de Conselhos de Cultura e cria diversos mecanismos de controle social e gestão compartilhada de recursos e ações. Mais adiante, analisaremos com mais detalhes essa ação.

---

3   Veja mais informações em Brasil (2015).

1.1.2 Sistema Nacional de Cultura (SNC)

O SNC foi idealizado com base em outros sistemas nacionais de políticas públicas, em especial o Sistema Único de Saúde (SUS). Em essência, consiste em um conjunto de práticas de gestão que prevê a divisão de atribuições e responsabilidades entre os entes federados (União, estados e municípios), o repasse de recursos pelo governo federal e a criação de organizações de controle social da gestão.

As etapas previstas para sua organização e implementação são, em linhas gerais, as seguintes (Brasil, 2011):

a) A concordância da União, dos estados e dos municípios em assinarem um protocolo de intenções para a construção, a consolidação e a implementação do SNC.

b) A realização de Conferências de Cultura (nacionais, estaduais, intermunicipais e municipais), para mobilizar e organizar a sociedade civil em torno do SNC.

c) A criação efetiva de um Sistema Federal de Cultura.

d) A reorganização do Conselho Nacional de Política Cultural (CPNC).

e) A criação de um programa de capacitação de gestores públicos nas três esferas de poder.

f) A elaboração de um Plano Nacional de Cultura (PNC), com base em debates públicos e conferências realizadas em todos os estados e no Distrito Federal.

g) A implementação do Sistema Nacional de Informações e Indicadores Culturais (SNIIC).

h) A implementação de programas do governo federal, com atenção especial ao Programa Mais Cultura, em parceria com estados e municípios.

i) Ações de articulação no Congresso Nacional para a aprovação de PECs e Leis Complementares (LCs) no âmbito das políticas culturais.

j) A readequação, em âmbito federal, de uma política de financiamento público da cultura, com debates e proposições para uma nova legislação para o Programa Nacional de Fomento e Incentivo à Cultura (Procultura).

Todo esse processo, iniciado em 2005, foi amparado por uma iniciativa do MinC, que instituiu grupos de trabalho para atuarem na elaboração de uma proposta para a estruturação do SNC. Como resultado, em 30 de maio de 2012, o Congresso Nacional aprovou a PEC n. 416/2005, que instituiu o SNC como um programa do Estado brasileiro, não apenas de um governo, pelo acréscimo do art. 216-A à CF de 1988.

Apesar da aprovação dessa PEC, a participação de estados e municípios ainda depende da aprovação de leis específicas, resultantes de processos similares ao nacional: conferências, organização da sociedade civil, criação de Conselhos de Cultura etc.

A adesão de estados e municípios é facultativa e efetivada por meio de um protocolo de intenções, que especifica obrigações e direitos de todos os envolvidos, com procedimentos obrigatórios de participação popular e gestão pública. São eles (Brasil, 2011):

a) Existência de órgãos gestores da cultura (secretarias e/ou similares).
b) Conselhos paritários (Poder Público e sociedade civil) de políticas públicas.
c) Organização e implementação de Sistemas de Financiamento à Cultura.
d) Formação de Comissões Intergestores Tripartites (CITs, da União) e Bipartites (CIBs, dos estados)[4].
e) Criação de um Programa Nacional de Formação na área da cultura.
f) Criação de Sistemas de Informações e Indicadores Culturais (SNIICs).
g) Criação de Sistemas Setoriais de Cultura.

---

4 As CITs (de abrangência nacional) e as CIBs (de abrangência estadual) são instâncias permanentes de negociação e assessoramento técnico que existem para auxiliar, respectivamente, o Conselho Nacional de Política Cultural (CNPC) e os Conselhos Estaduais de Política Cultural (CEPCs) (Brasil, 2011).

h) Elaboração de Planos de Cultura.

i) Organização e realização de Conferências de Cultura.

A Figura 1.1 mostra os elementos que constituem o Sistema de Cultura brasileiro.

Figura 1.1 – Elementos do Sistema de Cultura

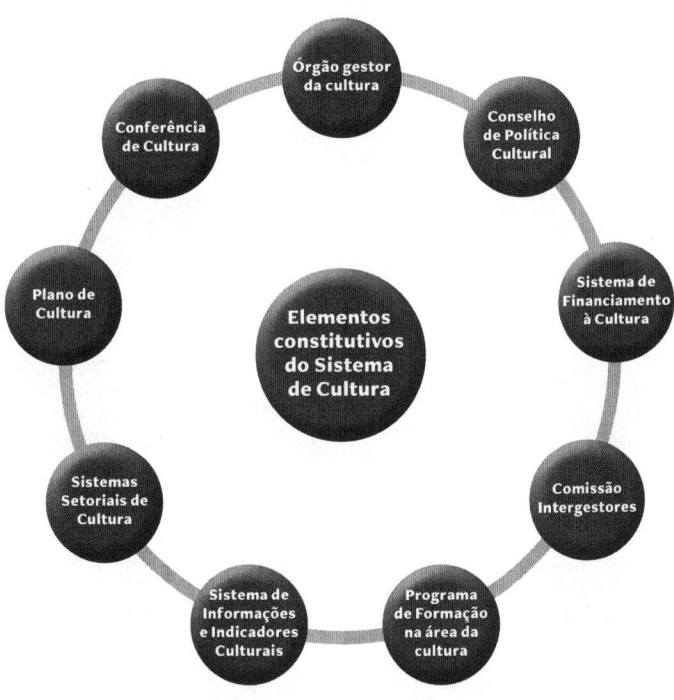

Fonte: Adaptado de Brasil, 2011, p. 42.

A participação de todos os entes federados sugere um comprometimento com trabalhos em cooperação para o desenvolvimento e a manutenção de políticas públicas coordenadas para as artes e as culturas. Essa cooperação cria um ambiente no qual os interesses que representam as diversidades brasileiras podem se manifestar e ser contemplados por ações públicas que respeitem as demandas da sociedade e, por consequência, a diversidade cultural brasileira.

A Figura 1.2 mostra a representação gráfica da constituição do SNC:

Figura 1.2 – Constituição do Sistema Nacional de Cultura (SNC)

Fonte: Adaptado de Brasil, 2011, p. 45.

Os Sistemas Estaduais de Cultura são constituídos em modelos similares aos previstos para o SNC, conforme disposto na Figura 1.3.

Figura 1.3 – Constituição dos Sistemas Estaduais de Cultura

Fonte: Adaptado de Brasil, 2011, p. 45.

Por fim, a Figura 1.4 mostra a representação gráfica dos Sistemas Municipais de Cultura, também em modelos semelhantes ao SNC e aos Sistemas Estaduais de Cultura.

Figura 1.4 – Constituição dos Sistemas Municipais de Cultura

Fonte: Adaptado de Brasil, 2011, p. 45.

De acordo com informações do MinC (Brasil, 2016d), até 1º de agosto de 2016, todos os estados brasileiros, mais o Distrito Federal, haviam aderido ao SNC; além disso, dos 5.570 municípios, 1.984 estavam inseridos no SNC, o que corresponde a 35,6% do total de municípios brasileiros.

1.1.3 Mecanismos de incentivo à cultura no mundo[5]

O modelo de gestão cultural com base em isenções fiscais parece corresponder a uma tendência mundial. Em boa parte do mundo[6], o Estado tem participação nas políticas públicas de artes e culturas, com ferramentas de financiamento público direto. Ainda assim, a partir principalmente de meados dos anos 1980, diferentes países têm recorrido a legislações específicas para a normatização dessas práticas, visando à aproximação da iniciativa privada dos investimentos em arte e cultura e, por consequência, à ampliação dos montantes financeiros destinados a esses segmentos.

Países como Espanha, Portugal, Áustria, Itália, México, Colômbia, Argentina, Chile e Uruguai têm leis de incentivo que incluem a iniciativa privada. Essas leis, se ainda não estão implementadas, estão em tramitação nos ambientes legislativos de cada país. Também a França, modelo de sistema público de gestão cultural, apresenta um dispositivo legal que institui o mecenato em âmbito federal, ainda que com percentuais de destinação de recursos extremamente baixos se comparados aos gastos públicos diretos. A Alemanha também atua para estimular suas produções culturais e dinamizar os mercados produtor e consumidor internos.

De outro modo, Estados Unidos e Grã-Bretanha, mesmo não tendo uma legislação que normatize especificamente as práticas de mecenato, apresentam uma estrutura tributária que permite às pessoas físicas (PFs, os cidadãos comuns) e às pessoas jurídicas (PJs, as

---

5   Conteúdo adaptado da nossa tese de doutoramento no Departamento de História da Universidade Federal do Paraná (UFPR), com o título *Políticas públicas para o audiovisual: as isenções fiscais e os limites entre o Estado e a iniciativa privada – 1986-2010* (Moraes, 2013), devidamente incluída na lista final de referências desta obra.

6   Aqui, 16 países nos serviram como referência. São eles: Brasil, Argentina, Uruguai, Paraguai, Chile, Peru, Colômbia, México, Estados Unidos, Grã-Bretanha, França, Itália, Alemanha, Áustria, Portugal e Espanha. Entre todos eles, apenas o Paraguai não disponibiliza dados sobre a ação pública para arte e cultura.

empresas) o abatimento, em diferentes proporções, de quantias investidas em segmentos da produção cultural e de comercialização de obras de arte.

No Gráfico 1.1, é possível observar claramente o quantitativo de ações públicas para cultura (Estados nacionais), quantas dessas ações são baseadas em políticas de isenção fiscal, quantos Estados têm legislações específicas similares às brasileiras (leis de incentivo à cultura) e, por fim, onde não há registros de ações públicas diretas voltadas à cultura.

Gráfico 1.1 – Os Estados e a cultura

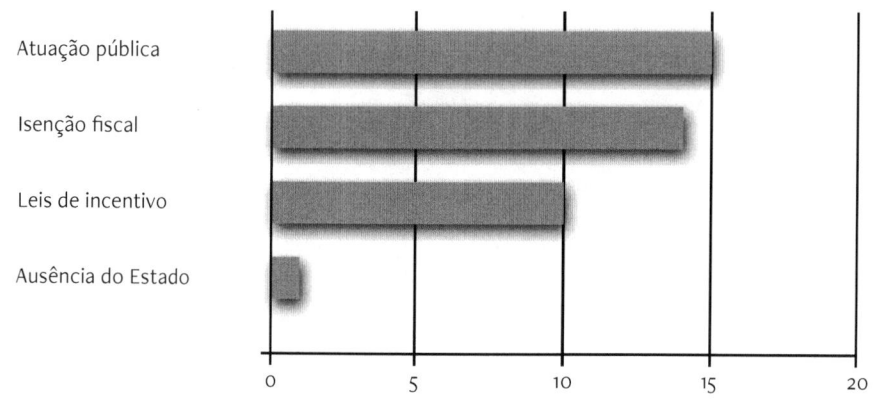

Fonte: Elaborado com base em Moraes, 2013, p. 133-135.

Apesar das diferenças entre esses países, é importante ressaltarmos dois modelos relativos à natureza dos beneficiários, que regulamentam a utilização de tais dispositivos pela iniciativa privada:

1. Colômbia, Uruguai – em uma das suas modalidades –, França, Estados Unidos e Grã-Bretanha, cada qual a seu modo, permitem que apenas entidades sem fins lucrativos recebam os benefícios de isenções fiscais, ainda que existam

mecanismos que permitem o desvio desse preceito[7]. Em termos gerais, nesses países, para atividades culturais produzidas com fins lucrativos, não existe a possibilidade de recebimento de investimentos realizados por meio de isenções fiscais.

2. Espanha, Portugal, Itália, Argentina, Chile e Uruguai – este último em uma outra modalidade específica da mesma lei – preveem abatimentos não integrais para os investimentos realizados por meio de suas leis de isenção fiscal. Isso significa dizer que, quando se utilizam os dispositivos legais para investimentos em cultura, parte desses investimentos deve ser realizada com recursos do próprio incentivador privado.

Assim, em regra, os modelos de parcerias público-privadas (PPPs) com base em isenções fiscais, já implementados ou em fase de implementação nos 13 países, trazem em seu bojo a necessidade de algum tipo de contrapartida à sociedade.

Ao estimular o apoio da iniciativa privada a projetos de instituições sem fins lucrativos, por exemplo, o Poder Público tem como objetivo dinamizar segmentos da produção cultural nacional que, pelos mais variados motivos, estejam à margem das leis de mercado e que, por esse motivo, tenham dificuldades para suas realizações e existência.

Por outro lado, no caso de produções culturais cujas naturezas e objetivos estejam voltados para o consumo de massa, também são garantidos direitos de participação pelas mesmas leis de incentivo, com a ressalva da obrigatoriedade da complementação financeira por capitais privados ou da publicização dos produtos resultantes dos incentivos. Ambos os dispositivos afirmam um modelo de PPP e corresponsabilidade entre a sociedade, a iniciativa privada e o Poder Público, para o estímulo e a manutenção de valores artísticos

---

7   Para maiores detalhes, consulte Wu (2006).

e culturais característicos de cada país. Isso representa possibilidades de democratização das gestões estatais.

A criação de mecanismos de participação de PFs e PJs na gestão de parte dos recursos recolhidos aos Estados, na forma de impostos, pode significar um relativo controle social da máquina pública. Obviamente, esse processo não pode ocorrer em um ambiente no qual os interesses comerciais prevaleçam sobre quaisquer outros relativos aos patrimônios culturais de cada nação, materiais ou imateriais.

Nas palavras de Néstor García Canclini (2007, p. 177-182):

a. **A política cultural que deve ser considerada prioritária para a avaliação do desempenho de uma sociedade na globalização é a que se faz com a cidadania**. Isto significa, acima de tudo, reservar o papel protagonístico às pessoas, não aos capitais, nem a outros indicadores de mercado [...].

b. A partir da ideia de que a política cultural deve concentrar-se no seu significado para os cidadãos, podemos considerar melhor os bens e mensagens que uma sociedade, e cada grupo dentro dela, conseguem comunicar a públicos maciços através do mercado [...].

c. Reformular a política cultural em função de interesses públicos obriga a **reverter a tendência à simples privatização e desnacionalização das instituições e dos programas de ação cultural**. Não se trata de reconverter o Estado em proprietário [...], mas sim de reconstruir seu papel como regulador das empresas privadas, apoiador das iniciativas sociais mais vulneráveis ou não lucrativas [...], além de defensor e coordenador de ações de valor público.

d. A possibilidade de ação dos Estados e dos organismos nacionais depende cada vez mais da construção de **novos programas e instituições culturais regionais que acompanhem a integração comercial entre as nações**. [grifo do original]

No caso brasileiro, as renúncias fiscais concedidas por meio das leis de incentivo à cultura podem se mostrar como alternativas à democratização da gestão de parte dos recursos públicos destinados ao segmento.

Os mecanismos que habilitam cidadãos e empresas a utilizar esses mecanismos devem ser estabelecidos e normatizados por princípios reguladores democráticos e participativos, de modo que os resultados advindos de cada um dos incentivos realizados possam ser avaliados segundo critérios estabelecidos pela própria sociedade.

1.2 Modelos federais de incentivo à cultura no Brasil

Nesta seção, realizaremos uma breve exposição sobre a natureza dos tributos sensibilizados pela isenção fiscal, bem como sobre a Lei Sarney, precursora desse mecanismo no Brasil. Logo após, descreveremos com mais detalhes o funcionamento das leis de incentivo nacional (Rouanet), estaduais e municipais.

1.2.1 Tributos: IRPF e IRPJ

A implementação das leis de incentivo à cultura de âmbito federal implicou a organização de mecanismos relativamente complexos de avaliação de projetos e propostas, oriundos das demandas da sociedade. Governo e artistas se mantiveram interessados na elaboração de regras para seu pleno funcionamento, incluindo a participação de segmentos artístico-culturais em instâncias que vieram a compor todo o processo de análise e aprovação de projetos culturais.

A partir de 1986, com a Lei Sarney e, principalmente, durante a década de 1990, com as Leis Rouanet e do Audiovisual, empresas públicas e privadas não tardaram a se inserir, de forma direta ou indireta, nos ambientes legislativos, bem como na organização de conglomerados empresariais que se tornariam os verdadeiros fóruns decisórios sobre a escolha dos investimentos em cultura realizados por meio das isenções fiscais.

Além disso, agentes de *marketing*, contadores, administradores, advogados e demais profissionais ligados a segmentos anteriormente alheios aos ambientes de produção cultural passaram a fazer parte dos processos decisórios referentes a investimentos culturais via incentivos fiscais. Essa realidade modificou sensivelmente as relações entre arte, sociedade e governos.

Por outro lado, questões de carga tributária, complexidade da incidência e recolhimento de impostos, distribuição de recursos entre os entes federados e guerra fiscal[8], ainda que fossem temas de domínio público, tinham seu conhecimento mais profundo restrito a ambientes administrativos e contábeis.

Como as leis de incentivo se basearam na participação direta (Leis Rouanet e do Audiovisual) ou indireta (Lei Sarney) de PFs e PJs no processo de repasse de recursos do Imposto sobre a Renda (IR), temas que antes eram de interesse de segmentos específicos

---

8 A chamada *guerra fiscal* consiste em reduções ou mesmo eliminações de tributos da alçada de municípios ou estados. São exemplos claros dessa prática as alíquotas diferenciadas do Imposto sobre a Circulação de Mercadorias e Serviços (ICMS), aplicadas por estados, e as do Imposto sobre Serviços (ISS), por municípios. Esse assunto tem integrado boa parte das pautas de discussões em todas as tentativas de reforma tributária levadas a cabo no Brasil nos últimos anos. Nesse sentido, veja Oliveira (2001).

ligados à burocracia passaram a fazer parte também do dia a dia de produtores e realizadores artísticos.

Por esse motivo, e para auxiliar você, leitor, a compreender o histórico de implementação e desenvolvimento desse mecanismo no Brasil, faremos, a seguir, rápidos esclarecimentos sobre as características do Imposto sobre a Renda de Pessoa Física (IRPF) e de Pessoa Jurídica (IRPJ), fonte dos recursos das leis federais brasileiras de incentivo.

O IR incide sobre rendimentos declarados de PFs e PJs, e é a fonte de recursos das leis federais de incentivo no Brasil. Para as PJs, que representam um volume muito maior de arrecadação em relação às PFs e, por consequência, têm grande poder de repasse de recursos para projetos culturais, o sistema de tributação do IR é dividido em duas categorias: sobre o lucro presumido e sobre o lucro real. Basicamente, o primeiro caso contempla pequenas empresas com baixos volumes financeiros de transações e pouca complexidade contábil; o segundo abrange grandes empresas com rendimentos financeiros de grande monta e complexidades contábeis mais acentuadas[9].

Para empresas com lucro presumido[10], o imposto devido é calculado e recolhido mensalmente com base na emissão de notas fiscais, que representam o volume efetivo de transações, sejam estas de comercialização de bens e produtos, sejam de prestação

---

9   Para um melhor entendimento a esse respeito, consulte a legislação tributária acerca do IRPF e do IRPJ, contida em Brasil (2016e).

10 O lucro presumido é uma forma de tributação simplificada para determinação da base de cálculo do IRPJ e da Contribuição Social sobre o Lucro Líquido (CSLL). A sistemática é utilizada para presumir o lucro da PJ com base em sua receita bruta e outras receitas sujeitas à tributação. Em termos gerais, trata-se de um lucro fixado com base em percentuais-padrão aplicados sobre a Receita Operacional Bruta (ROB). Sobre o referido resultado, somam-se as outras receitas eventuais auferidas, como receitas financeiras e aluguéis. Assim, por não se tratar do lucro contábil efetivo, mas de mera aproximação fiscal, denomina-se *lucro presumido* (Portal Tributário, 2016a).

de serviços. Já para as empresas com lucro real[11], a tributação é calculada também com base na emissão de notas fiscais, mas envolve um intrincado processo de abatimentos que pode englobar, entre outros, as chamadas *despesas operacionais*[12], com impactos diretos sobre o mecanismo de isenção fiscal à cultura. As leis federais de incentivo permitiram, em certos casos e na modalidade *mecenato*, o abatimento integral, na forma de despesas operacionais, dos valores investidos em projetos culturais. Esse dispositivo ampliou significativamente os benefícios concedidos a incentivadores por meio da Lei Sarney e, entre os anos de 1991 e 1999, da Lei Rouanet, como comentaremos adiante.

Quando se trata de PFs, a incidência do IR obedece a tabelas escalonadas que têm como base a renda bruta declarada de todos os cidadãos brasileiros[13].

Os prazos de recolhimento também podem variar de acordo com a natureza do devedor, se PF ou PJ. Para cada segmento, há uma regra específica, tanto na incidência quanto no recolhimento efetivo dos impostos.

---

[11] O lucro real é a regra geral para a apuração do IRPJ e da CSLL. É o regime geral e o mais complexo. Nesse regime, o IR é determinado com base no lucro contábil, apurado pela PJ, acrescido de ajustes (positivos e negativos) requeridos pela legislação fiscal, conforme o esquema a seguir: lucro (prejuízo) contábil (+) ajustes fiscais positivos (adições) (–) ajustes fiscais negativos (exclusões) (=) lucro real ou prejuízo fiscal do período. Quando empregado o regime de lucro real, pode haver situações de prejuízo fiscal, hipótese em que não há IR a pagar. Se analisarmos apenas o item IR, para uma empresa que opera com prejuízo, ou margem mínima de lucro, normalmente é vantajoso optar pelo regime de lucro real. Entretanto, sempre é prudente que a análise seja estendida também para a CSLL e para o Programa de Integração Social (PIS) e a Contribuição para o Financiamento da Seguridade Nacional (Cofins), pois a escolha do regime afeta todos esses tributos (Portal Tributário, 2016b).

[12] São operacionais as despesas não computadas nos custos, mas necessárias à atividade da empresa: pequenas aquisições, gastos com viagens e hospedagens de funcionários, entre outras. Para mais informações a esse respeito, consulte Econet (2011).

[13] Ao longo dos anos, as faixas de recolhimento, tanto em valores globais como em percentuais, variaram significativamente, em virtude de processos inflacionários e de constantes mudanças de padrões de moeda no Brasil. Para informações sobre esse tema, consulte Debit (2016).

As PFs assalariadas têm retenção mensal de seus impostos. Ao entregar sua Declaração Anual de Rendimentos (DIRPF) ao governo, são efetuados os abatimentos de eventuais valores destinados a projetos culturais, dentro de limites previstos em lei (Brasil, 2016f).

Para PJs, nas duas modalidades previstas (lucro presumido e lucro real), as formas de pagamento do IR podem variar, segundo opção do próprio contribuinte. Na modalidade *lucro presumido*, a empresa recolhe mensalmente os valores oriundos da movimentação do mês anterior. O IR é devido com base nos fornecimentos (prestação de serviços e/ou produção e comercialização de produtos) efetivados com emissão de notas fiscais. Na modalidade *lucro real*, após sua Declaração de Imposto de Renda (DIPJ), a empresa pode optar por recolher mensalmente os impostos devidos ou por efetuar o pagamento do valor global em uma única parcela na entrega da declaração de renda.

Como resultado, a concentração de pagamentos do IRPJ de grandes empresas pode se efetivar em poucos meses do ano, o que tem impactos significativos na modalidade e no volume financeiro de suas participações nos mecanismos de incentivo fiscal às artes e às culturas, como especificaremos mais adiante.

1.2.2 Lei Sarney

Como mencionamos anteriormente, a história das leis de incentivo à cultura no Brasil é bastante recente. Considerando-se seus primeiros esboços, modelos aproximados aos existentes nos dias atuais remontam a meados dos anos 1980, no início da redemocratização brasileira, sob o governo de José Sarney (1985 a 1990). Antes disso, as ações públicas federais nesse campo se deram, se não todas, quase em sua totalidade mediante mecanismos de repasse direto por intermédio de instituições ligadas aos vários segmentos da produção cultural.

No dia 26 de setembro de 1972, José Sarney, então senador da Aliança Renovadora Nacional (Arena) pelo Estado do Maranhão, apresentou um projeto de lei que previa a obtenção de benefícios no IR para ações de natureza artística e cultural. No entanto, somente em 1986, 14 anos mais tarde, após várias tentativas frustradas de aprovação, Sarney, como presidente da República, conseguiu implantar seu projeto, ainda que com inúmeras modificações. Surgiu, assim, a Lei n. 7.505/1986, que ficaria conhecida popularmente como *Lei Sarney*, a qual "dispõe sobre benefícios fiscais na área do imposto de renda concedidos a operações de caráter cultural ou artístico" (Brasil, 1986b).

É importante ressaltarmos que o Brasil foi um dos primeiros países a implementar um mecanismo legal específico de incentivos culturais. Estados Unidos, Inglaterra e França já apresentavam modelos de isenção tributária para transações que envolviam obras de arte. Em nenhum dos casos, entretanto, havia quaisquer proximidades com o mecanismo brasileiro. Modelos similares começaram a ser discutidos e implementados posteriormente: em Portugal, em meados de 1986 e com reforma em 1996; na França, em 1987; na Áustria, em 1987; no Chile, em 1990; na Argentina, desde 2000; na Itália, entre 2000 e 2002; na Colômbia, em 2003; no Uruguai, entre 2005 e 2009; na Espanha, em 2007 (Moraes, 2013).

Assim, para todos os efeitos, podemos considerar o caso brasileiro como o primeiro e, também, com características únicas, em um cenário mundial com uma diversidade de modelos para incentivos culturais.

A Lei n. 7.505/1986, regulamentada pelo Decreto n. 93.335, de 3 de outubro do mesmo ano (Brasil, 1986a), procurou contemplar os vários segmentos da produção artística e cultural, com recursos provenientes do IR de PFs ou PJs, observadas as regulamentações distintas para as formas de participação da iniciativa privada, denominadas *doação, patrocínio* e *investimento* (Brasil, 1986b). Entre outras especificações, essas categorias escalonavam os percentuais de abatimento das contribuições realizadas para projetos culturais.

Assim, conforme o art. 1º da Lei Sarney,

> Art. 1º O contribuinte do imposto de renda poderá abater da renda bruta, ou deduzir com despesa operacional, o valor das doações, patrocínios e investimentos inclusive despesas e contribuições necessárias à sua efetivação, realizada através ou a favor de pessoa jurídica de natureza cultural, com ou sem fins lucrativos, cadastrada no Ministério da Cultura, na forma desta Lei.
>
> § 1º Observado o limite máximo de 10% (dez por cento) da renda bruta, a pessoa física poderá abater:
>
> I – até 100% (cem por cento) do valor da doação;
>
> II – até 80% (oitenta por cento) do valor do patrocínio;
>
> III – até 50% (cinquenta por cento) do valor do investimento.
>
> [...]
>
> § 3º A pessoa jurídica poderá deduzir do imposto devido, valor equivalente à aplicação da alíquota cabível do imposto de renda, tendo como base o cálculo:
>
> I – até 100% (cem por cento) do valor das doações;
>
> II – até 80% (oitenta por cento) do valor do patrocínio;
>
> III – até 50% (cinquenta por cento) do valor do investimento. (Brasil, 1986b)

Os termos **doação**, **patrocínio** e **investimento**, ainda que estivessem previstos e descritos na lei, foram devidamente regulamentados pelo Decreto n. 93.335/1986:

> Art. 6º Para fins deste Regulamento, considera-se:
>
> I – doação: a transferência definitiva de bens ou numerários, a favor ou através de pessoas jurídicas de natureza cultural, sem proveito para o doador;

II – patrocínio: a realização, pelo contribuinte a favor de pessoas jurídicas de natureza cultural, de despesas com a promoção ou publicidade em atividades culturais, sem proveito pecuniário ou patrimonial para o patrocinador;

III – investimento: a aplicação de bens ou numerário com proveito pecuniário ou patrimonial para o investidor (artigo 8º). (Brasil, 1986a)

É possível perceber que a intenção do Poder Público era vincular o percentual de abatimento de PFs e PJs à natureza do retorno pretendido. O abatimento seguia parâmetros progressivos, na medida em que o incentivador[14] abrisse mão de qualquer participação, direta ou indireta, nos retornos da realização cultural: 100%, 80% e 50%, para os casos de doação, patrocínio e investimento, respectivamente.

Outra característica da Lei Sarney eram as formas de repasse financeiro. Lembremos o que está expresso no *caput* do art. 1º dessa lei:

Art. 1º O contribuinte do Imposto de Renda poderá abater da renda bruta, ou deduzir como despesa operacional, o valor das doações, patrocínios e investimentos inclusive despesas e contribuições necessárias à sua efetivação, realizada a favor de pessoa jurídica de natureza cultural, com ou sem fins lucrativos, cadastrada no Ministério da Cultura, na forma desta Lei. (Brasil, 1986b)

Com base nessas informações, podemos compreender a natureza desse mecanismo de incentivo, sua relação com as demandas da sociedade e suas consequentes limitações.

---

14 A utilização do termo *incentivador* é mais apropriada para a natureza das leis de incentivo à cultura. Contudo, optamos por utilizá-lo também no que se refere à Lei Sarney, para caracterizar as PFs ou PJs que participam como doadores, patrocinadores ou investidores em projetos de natureza cultural.

Chamamos atenção para quatro pontos importantes:

1. Natureza dos beneficiários da Lei Sarney – exclusivamente PJs de qualquer natureza, com ou sem fins lucrativos

Na prática, esse dispositivo habilitava ao recebimento de recursos, em igualdade de condições, quaisquer empresas de atividades culturais, fossem elas ligadas a segmentos de pesquisa de linguagem, preservação do patrimônio histórico ou atividades relacionadas diretamente ao consumo. Isso marca uma oposição em relação aos dispositivos similares em países como Estados Unidos, França, Inglaterra, Portugal, Áustria, Itália, Colômbia, Chile e Uruguai, que diferenciam os empreendedores de natureza comercial voltados a um mercado consumidor dos empreendedores de segmentos de pesquisa e valores culturais reconhecidos sem atrativos comerciais.

Além disso, se, para a obtenção de recursos públicos por meio dessa lei, era necessário a constituição de uma PJ, presumimos que apenas essa exigência seria o bastante para excluir quase todos os produtores independentes brasileiros de pequeno porte. Essa obrigatoriedade marca um limite importante em uma ação pública dessa natureza, que passava a ter seu foco principal em segmentos artísticos e culturais já profissionalizados.

Ao destinar os benefícios unicamente a PJs, a Lei n. 7.505/1986 tendia a privilegiar empreendedores ou empresas já consolidadas no mercado, ou ao menos com uma trajetória de realizações que justificassem a existência de PJ legalmente constituída.

Apesar das diferenças de contextos existentes, é importante registrarmos que, cinco anos mais tarde, em 1991, com a promulgação da Lei n. 8.313/1991 (Lei Rouanet), esse dispositivo seria alterado, passando a permitir a participação de empreendedores PFs, ainda que com restrições de limites orçamentários em relação às PJs.

2. Ausência da necessidade de elaboração e aprovação prévias de um projeto cultural

Os repasses eram realizados diretamente entre as partes envolvidas (incentivador e produtor cultural/artista), e os valores da transação poderiam ser abatidos segundo os critérios previstos nos parágrafos 1º e 3º do art. 1º da Lei Sarney. A relação entre incentivadores e produtores/artistas acontecia praticamente sem intermediadores. Isso ocorria porque a mediação era possibilitada pela obrigatoriedade do cadastramento da empresa favorecida no MinC, o que dava ao Poder Público as ferramentas para monitoramento dos segmentos sociais que teriam acesso às transações realizadas por meio da lei.

3. Percentuais de abatimento e mecanismos adicionais de compensação financeira aos incentivadores

Como afirmamos anteriormente, as porcentagens de abatimento eram da ordem de 100% para doações, 80% para patrocínios e 50% para investimentos. Entretanto, além disso, o incentivador poderia "abater da renda bruta, ou deduzir como despesa operacional, o valor das doações, patrocínios e investimentos, inclusive despesas e contribuições necessárias à sua efetivação" (Brasil, 1986b).

Com isso, não incidiria IR sobre os valores canalizados para projetos culturais, já que estes seriam deduzidos do montante tributável. Como resultado prático, e tomando como base a alíquota média do IRPJ à época, haveria um acréscimo de, no máximo, 25% de isenções sobre os valores globais incentivados. Para as deduções de 100% referentes à categoria *doações*, poderia haver uma dedução adicional de 25% ao incentivador, perfazendo um total de 125% de abatimentos; na categoria *patrocínios*, os descontos poderiam chegar a 105% dos valores incentivados; e, por último, na categoria *investimentos*, os abatimentos poderiam chegar a 75% do total investido. Assim, essa prática era um grande negócio para a iniciativa privada, que passava a ser também gestora de recursos públicos.

4. Mecanismo de isenção fiscal via IR

Ao se incentivar um projeto cultural, os abatimentos eram realizados no ano fiscal[15] seguinte, quando da entrega da Declaração de Rendimentos e consequentes pagamentos dos impostos devidos. Isso dificultava a captação de recursos, uma vez que, ainda que fossem permitidos por lei abatimentos às vezes superiores aos valores totais investidos, eles eram efetivamente realizados apenas no ano seguinte ao do repasse ao projeto cultural. Em outras palavras, nem sempre era iteressante para a iniciativa privada desembolsar antecipadamente quantias, fossem elas de qualquer valor, se os abatimentos fossem futuros.

É importante salientarmos que, entre os anos de 1986 a 1990, a chancela "incentivo à cultura" ainda estava longe de ser um elemento norteador das políticas públicas federais, em se tratando de realizadores de menor porte.

A exigência de PJ para o recebimento de recursos e a complexidade das formas de repasse antecipado com abatimentos futuros foram alguns dos fatores que dificultaram a obtenção de maior êxito com a Lei Sarney.

Somente a Lei Rouanet possibilitaria o surgimento do Programa Nacional de Incentivo à Cultura (Pronac), o qual, ao menos em tese, transformaria a natureza dos investimentos públicos realizados por meio de isenções fiscais.

Cabe lembrarmos que, a despeito de seus limites, foi no governo de José Sarney que o MinC foi instituído pelo Decreto n. 91.144/1985. Em sua estrutura, foram criados ou mantidos secretarias, autarquias, fundações e conselhos dos mais diversos.

---

15 O ano fiscal compreende os meses de janeiro a dezembro.

Se relacionarmos os dados apresentados nesta seção aos contextos político-econômicos nacional e internacional do período, veremos que existem elementos para concluirmos que foram positivos os resultados advindos das políticas públicas nacionais para a cultura.

1.2.3 Lei Rouanet

Em 12 de abril de 1990, o recém-empossado presidente da República, Fernando Collor de Mello, com a publicação da Lei n. 8.028, resolve:

> Art. 1º A Presidência da República é constituída, essencialmente, pela Secretaria de Governo, pela Secretaria-Geral, pelo Gabinete Militar e pelo Gabinete Pessoal do Presidente da República.[16]
>
> Parágrafo único. Também a integram:
>
> [...]
>
> c) como órgãos de assistência direta e imediata ao presidente da República:
>
> 1. a Secretaria da Cultura;
>
> [...]
>
> Art. 17. São os seguintes os Ministérios:
>
> I – da Justiça;
>
> II – da Marinha;
>
> III – do Exército;
>
> IV – das Relações Exteriores;
>
> V – da Educação;
>
> VI – da Aeronáutica;
>
> VII – da Saúde;

---

16 A redação final deste artigo foi dada pela Lei n. 8.410, de 27 de março de 1992 (Brasil, 1992b).

VIII – da Economia, Fazenda e Planejamento;
IX – da Agricultura e Reforma Agrária;
X – do Trabalho e da Previdência Social;
XI – da Infraestrutura;
XII – da Ação Social.
Parágrafo único. São ministros de Estado os titulares dos Ministérios. (Brasil, 1990a)

Assim, seis anos após sua criação, o MinC foi extinto e transformado em secretaria, subordinada imediatamente ao presidente da República.

Mas as modificações nesse campo não cessaram. Como afirmamos anteriormente, a Lei n. 8.029/1990 versou sobre a extinção de outras entidades da Administração Pública federal, entre as quais estavam a Funarte, a Fundacen, a FCB e a Embrafilme.

O governo Collor inaugurava, assim, uma nova era na Administração Pública, cujo objetivo era inserir as regras de mercado nas atividades culturais em seus mais variados segmentos. Como consequência, visava também limitar a participação do Estado nas políticas de fomento e incentivo a essas produções.

Entretanto, embora pareça paradoxal, pouco menos de dois anos após a sanção das Leis n. 8.028/1990 e n. 8.029/1990, o mesmo presidente sancionou a Lei n. 8.313/1991, cuja ementa é: "Restabelece princípios da Lei n. 7.505, de 2 de julho de 1986 [Lei Sarney], institui o Programa Nacional de Apoio à Cultura (Pronac) e dá outras providências."

Essa lei determina, em seu art. 1º:

> Art. 1º Fica instituído o Programa Nacional de Apoio à Cultura (Pronac), com a finalidade de captar e canalizar recursos para o setor de modo a:
> I – contribuir para facilitar, a todos, os meios para o livre acesso às fontes da cultura e o pleno exercício dos direitos culturais;

II – promover e estimular a regionalização da produção cultural e artística brasileira, com valorização de recursos humanos e conteúdos locais;

III – apoiar, valorizar e difundir o conjunto das manifestações culturais e seus respectivos criadores;

IV – proteger as expressões culturais dos grupos formadores da sociedade brasileira e responsáveis pelo pluralismo da cultura nacional;

V – salvaguardar a sobrevivência e o florescimento dos modos de criar, fazer e viver da sociedade brasileira;

VI – preservar os bens materiais e imateriais do patrimônio cultural e histórico brasileiro;

VII – desenvolver a consciência internacional e o respeito aos valores culturais de outros povos ou nações;

VIII – estimular a produção e difusão de bens culturais de valor universal, formadores e informadores de conhecimento, cultura e memória;

IX – priorizar o produto cultural originário do País. (Brasil, 1991a)

A Lei Rouanet, como ficou conhecida, tornou-se um importante mecanismo de fomento à produção cultural, com impactos e desdobramentos até os dias de hoje. Por meio de decretos, leis complementares e medidas provisórias[17], o Poder Executivo federal regulamentou procedimentos de utilização e gestão dos recursos públicos, bem como das formas de distribuição de parte dos produtos resultantes. Entre 1992 e 2010, foram publicados o Decreto n. 455, de 26 de fevereiro de 1992 (Brasil, 1992a), revogado pelo Decreto n. 1.494, de 17 de maio de 1995 (Brasil, 1995), também revogado pelo Decreto n. 5.761, de 27 de abril

---

17 No direito constitucional brasileiro, a medida provisória (MP) é um ato do presidente da República com força de lei. Após sua publicação no *Diário Oficial*, o Poder Legislativo tem um prazo constitucional para análise, aprovação ou reprovação de tal ato. No caso de aprovação, a MP torna-se lei. O pressuposto para a publicação de uma MP é a urgência ou relevância da questão em referência.

de 2006 (Brasil, 2006); a Medida Provisória n. 1.871-26, de 24 de setembro de 1999 (Brasil, 1999d), revogada pela Lei n. 9.874, de 23 de novembro de 1999 (Brasil, 1999c).[18]

A implementação e a regulamentação plena da segunda lei de incentivos fiscais de âmbito federal, a Lei Rouanet, previam a participação efetiva de segmentos artísticos e culturais, meios empresariais e Poder Público em seus mecanismos de avaliação de propostas. Todos esses segmentos (sociedade civil, políticos e empresários) viam na renúncia fiscal uma forma de ampliação dos volumes financeiros aplicados em cultura e de aumento do poder de realização de produtores e realizadores culturais.

Se comparada à sua antecessora – a Lei Sarney –, é possível perceber que a Lei Rouanet trouxe modificações significativas para os mecanismos de fomento às produções. A primeira delas foi a criação do Pronac. Por meio desse programa, toda a estrutura de apoio a projetos foi sensivelmente modificada, com ações voltadas para a participação de empresas e da sociedade civil no processo de renúncia fiscal, a favor de realizadores e empreendedores culturais.

Ainda que os recursos canalizados fossem públicos, sua gestão passava, sob certos aspectos e determinados limites, à iniciativa privada, como comentaremos a seguir.

Conforme o art. 2º da Lei n. 8.313/1991,

> Art. 2º O Pronac será implementado através dos seguintes mecanismos:
> I – Fundo Nacional da Cultura (FNC);
> II – Fundos de Investimento Cultural e Artístico (Ficart);
> III – Incentivo a projetos culturais. (Brasil, 1991a)

---

18 Ainda está em tramitação no Congresso Nacional um projeto de lei que promoverá modificações no mecanismo de isenção fiscal para a cultura – Lei Rouanet. Encaminhado em 27 de janeiro de 2010, até os dias de hoje o projeto espera seu efetivo encaminhamento para votação no plenário da Câmara dos Deputados. Para mais informações, consulte Brasil (2010a).

Para cada um desses segmentos, foram concebidas normas de procedimentos específicos.

A Lei Rouanet promoveu ainda outra inovação: a criação da Comissão Nacional de Incentivo à Cultura (CNIC). Por meio dessa comissão, o Poder Público definiu a natureza da lei de incentivo à cultura, permitindo a participação de diversos segmentos da sociedade nos processos de análise de projetos, bem como o acompanhamento de seus resultados.

Em essência, a Lei Rouanet possibilitou aos setores artísticos e empresariais brasileiros uma participação mais efetiva nos mecanismos de destinação de recursos públicos. São três os pontos que destacamos nesse sentido:

1. o modelo de constituição da CNIC, com impactos na análise e na habilitação de propostas para o recebimento de recursos;
2. a diferenciação das propostas culturais segundo sua natureza, haja vista os três mecanismos instituídos pelo Pronac;
3. os processos finais de escolha, pelos incentivadores, dos projetos a serem efetivamente contemplados financeiramente – os incentivadores, sobretudo grandes empresas nacionais, passariam a deter um relativo poder decisório sobre os destinos dos investimentos federais em ações culturais.

Com o passar dos anos, essas características estimularam o surgimento de editais privados de concorrência, cujos resultados têm sido objeto de ampla discussão nos meios empresariais, culturais e em diferentes níveis do Poder Público.

A instituição das três modalidades de apoio – FNC, Ficart e incentivo a projetos culturais (mecenato) – visava ao tratamento das peculiaridades de artistas e produtores. Cada um desses mecanismos tinha como objetivo contemplar especificidades, como consta no texto da lei, com vistas ao **incentivo às diversidades artísticas e culturais brasileiras**.

Com relação à composição da CNIC, os arts. 33 e 34 do Decreto n. 455/1992 especificavam:

Art. 33. São membros natos da CNIC:

I – o Secretário da Cultura da Presidência da República, que exercerá a presidência dos trabalhos da comissão, com direito de voto de qualidade, para fins de desempate;

II – os Presidentes das entidades supervisionadas pela SEC/PR[19];

III – o Presidente da entidade nacional que congregar os Secretários de Cultura das unidades federadas.

Parágrafo único. Os membros natos serão substituídos, em seus impedimentos legais, conforme previsto em seus respectivos regimentos.

Art. 34. São membros indicados para a CNIC, com mandato de dois anos, permitida uma única recondução:

I – um representante do empresariado nacional;

II – seis representantes de entidades de setores culturais e artísticos, de âmbito nacional.

1º Cabe às entidades representativas de âmbito nacional do empresariado brasileiro indicar, de comum acordo, no prazo de trinta dias, a partir da publicação deste decreto, o titular e o primeiro e segundo suplentes que as representará na CNIC.

[...]

3º As entidades associativas de setores culturais e artísticos, de âmbito nacional, a fim de assegurar a participação dos diferentes segmentos, indicarão um titular e primeiro e segundo suplentes em cada uma das seguintes áreas:

a) artes cênicas: teatro, dança, circo, ópera, mímica e congêneres;

b) produção cinematográfica, videográfica, discográfica e rádio e televisão educativas e culturais de caráter não comercial;

---

19 Como afirmamos anteriormente, em 1990, em um de seus primeiros atos após tomar posse, o então presidente Collor extinguiu o MinC, que passou à condição de Secretaria da Cultura ligada à Presidência da República (SEC/PR).

c) música;
d) artes plásticas, artes visuais, artes gráficas e filatelia;
e) patrimônio cultural, cultura negra, cultura indígena, folclore e artesanato;
f) humanidades, inclusive a literatura e obras de referência. (Brasil, 1992a)

É possível perceber que o modelo de constituição da CNIC representou uma mudança profunda na composição de forças responsáveis pelas instâncias decisórias sobre o destino da aplicação dos recursos públicos. Ao contemplar vários setores da sociedade civil, o modelo pretendia dar voz a segmentos interessados, artistas e produtores culturais, empresariado e Poder Público.

No que diz respeito à análise dos projetos encaminhados, o texto da Lei Rouanet, em seu art. 22, prevê uma análise exclusivamente técnica, sem abordagem de questões artísticas meritórias: "Os projetos enquadrados nos objetivos desta lei não poderão ser objeto de apreciação subjetiva quanto ao seu valor artístico ou cultural" (Brasil, 1991a). Dessa forma, seriam minimizadas as hipóteses de questionamentos quanto a resultados e polêmicas geradas por possíveis subjetividades do processo em análises de mérito estético.

Em linhas gerais, esse é o histórico de criação e implementação da Lei Rouanet no início da década de 1990. As especificidades dessa lei serão tratadas nas próximas seções, a fim de proporcionar a você, leitor, um maior entendimento sobre o tema.

1.3 Mecanismos da Lei Rouanet

A Lei Rouanet inaugurou uma nova dinâmica de incentivo à cultura, com a diferenciação entre mecanismos com a participação da iniciativa privada (mecenato) e outro realizado diretamente pelo Estado (Fundo Nacional da Cultura). A seguir, explicitaremos as diferenças entre esses mecanismos, destacando seus impactos tanto para os setores produtivos diretamente envolvidos quanto para toda a sociedade.

1.3.1 Fundo Nacional de Cultura (FNC)

Criado pela Lei n. 7.505/1986 (Lei Sarney) com a denominação *Fundo de Promoção Cultural*, ratificado e renomeado pela Lei n. 8.313/1991, o FNC contava com recursos oriundos de diversas fontes, entre as quais estavam: Tesouro Nacional, devoluções de saldos remanescentes de projetos culturais, porcentagens de concursos de loterias federais e similares, porcentagens de conversões da dívida externa, saldos do FNC oriundos de exercícios anteriores, recursos privados de devedores do IR etc. A particularidade da aplicação desses recursos em projetos culturais consta no art. 5º da Lei n. 8.313/1991: "O FNC é um fundo de natureza contábil, com prazo indeterminado de duração, que funcionará sob as formas de apoio a fundo perdido ou de empréstimos reembolsáveis, conforme estabelecer o regulamento [...]" (Brasil, 1991a).

Nessa modalidade de incentivo, há três pontos importantes na utilização de recursos, a saber:

1. Com o limite máximo de apoio de 80% do valor total do projeto, o FNC previa unicamente a participação de PJs, públicas ou privadas, sem fins lucrativos, com pelo menos três anos de atividades na área cultural; os 20% restantes seriam de responsabilidade do proponente, sob a denominação *contrapartida*.
2. Com os repasses de recursos efetuados diretamente pela Secretaria da Cultura da Presidência da República (SEC/PR) ao proponente, era excluída a participação de empresas na qualidade de incentivadoras.
3. Diante da possibilidade da participação de instituições, públicas ou privadas, a SEC/PR, assim como suas instituições afiliadas, estava habilitada para a utilização dos recursos do FNC.

Os modelos de gestão cultural de países como Estados Unidos, Inglaterra, Chile e Uruguai determinam que, para ser habilitada para a utilização de mecanismos de incentivos fiscais, a instituição recebedora não pode visar a lucros em suas atividades. Do mesmo modo, o FNC instituiu no Brasil um modelo no qual essa prerrogativa estava prevista em lei.

Ao excluir empresas apoiadoras do processo, o FNC se caracteriza como um **mecanismo essencialmente público**, com constituição de comissão específica, análise de projetos/propostas, gerenciamento e repasse de recursos, avaliação de resultados e finalização de projetos (prestação de contas). Ainda que com procedimentos sensivelmente diferentes em relação a um sistema de gestão público e ao modelo de repasse de recursos, esse mecanismo pode ser comparado aos sistemas da França e do Peru, que não preveem a participação da iniciativa privada na gestão cultural.

A esse respeito, é importante lembrarmos que "o Estado não cria cultura. Mas ele é indispensável para gerar as condições contextuais, as políticas de estímulo e regulação em que os bens culturais possam ser produzidos e acessados com menor grau de discriminação" (Canclini, 2008a, p. 80).

A peculiaridade do modelo brasileiro residiria na **participação direta da sociedade no mecanismo**. Nesse sentido, há um elemento de suma importância a ser considerado, se pensarmos em modelos de gestão. Ao instituir uma comissão específica para a avaliação e o acompanhamento de projetos, com representantes do Poder Público e da sociedade, o Estado indica o interesse de ampliar a participação democrática no processo. Em que pesem as circunstâncias e as limitações do modelo, parece não haver nenhum exemplo similar nas políticas públicas de outros países, tenham eles base na gestão estatal direta de recursos ou na coparticipação de setores da iniciativa privada.

Por último, com a possibilidade da participação de instituições públicas sem fins lucrativos, o próprio Estado teve acesso aos recursos oriundos do FNC, o que ampliou seus mecanismos de atuação. Sobretudo a partir dos anos 2000, esse dispositivo foi responsável por parte das ações de grande repercussão levadas a cabo diretamente pelo MinC, por intermédio de suas secretarias, autarquias e fundações:

O FNC é um fundo de natureza contábil, com prazo indeterminado de duração, que funciona sob as formas de apoio a fundo perdido ou de empréstimos reembolsáveis, com prioridade para realização de seleções públicas com comissões representativas, independentes e específicas, habilitadas a avaliar o mérito artístico-cultural das propostas concorrentes. Contempla projetos culturais compatíveis com uma das seguintes finalidades:

I. estimular a distribuição regional equitativa dos recursos a serem aplicados na execução de projetos culturais e artísticos;

II. favorecer a visão interestadual, estimulando projetos que explorem propostas culturais conjuntas, de enfoque regional;

III. apoiar projetos dotados de conteúdo cultural que enfatizem o aperfeiçoamento profissional e artístico dos recursos humanos na área da cultura, a criatividade e a diversidade cultural brasileira;

IV. contribuir para a preservação e proteção do patrimônio cultural e histórico brasileiro;

V. favorecer projetos que atendam às necessidades da produção cultural e aos interesses da coletividade, aí considerados os níveis qualitativos e quantitativos de atendimentos às demandas culturais existentes, o caráter multiplicador dos projetos através de seus aspectos socioculturais e a priorização de projetos em áreas artísticas e culturais com menos possibilidade de desenvolvimento com recursos próprios. (Brasil, 2016a)

Para essa linha de atuação, foram instituídos diversos programas dirigidos ao fomento e à difusão da produção cultural brasileira. Vários editais foram implementados pelo MinC[20],

---

20 Reiteramos que, em 2003, o Presidente Itamar Franco extinguiu a SEC/PR e, em seu lugar, restabeleceu o MinC.

por meio de sua Secretaria de Programas e Projetos Culturais (SPPC)[21], e por outras instituições ligadas ao governo federal, entre as quais se destaca a Funarte. Contemplando os diversos segmentos artísticos e culturais[22], as ações tinham como cerne o estímulo à produção e os programas de circulação de abrangência nacional.

De iniciativa direta do MinC e de suas secretarias, elencamos três programas cujo alcance tem relevância no contexto nacional de políticas públicas.

O primeiro deles, o **Programa Cultura Viva**, voltado para a diversidade cultural brasileira e instituído pela Secretaria da Cidadania e da Diversidade Cultural (SCDC), é

> um espaço de interlocução institucional e uma estratégia política protagonizada pelo MinC, gestores dos entes federados, Pontos e Pontões de Cultura [23] e o conjunto de instituições, entidades, agentes culturais, grupos formais e informais que são beneficiários das políticas públicas sob a responsabilidade da SCDC/MinC. (Brasil, 2012b, p. 3)

O Programa está presente em todos os estados brasileiros, com investimentos, entre 2004 e 2010, da ordem de aproximadamente 540 milhões de reais, para um total de 2,7 mil Pontos e 60 Pontões de Cultura (Brasil, 2012b, p. 12).

---

21   Em 2008, passaria a chamar-se *Secretaria de Cidadania e da Diversidade Cultural* (SCDC).

22   As áreas de atuação da Funarte são: artes integradas, artes visuais, circo, dança, literatura, música (erudita e popular) e teatro (Brasil, 2010b).

23   Os Pontos de Cultura são grupos informais e entidades de natureza/finalidade cultural – anteriormente, entes governamentais também eram contemplados –, que desenvolvem e articulam atividades culturais em suas comunidades. Os Pontões de Cultura são entidades jurídicas de direito público ou privado sem fins lucrativos, de natureza/finalidade cultural, que desenvolvem e articulam atividades culturais, nos eixos de informação, comunicação e educação, em parceria com as redes temáticas da cidadania e da diversidade cultural e/ou Pontos de Cultura (Brasil, 2012b, p. 2).

Com relação ao audiovisual, dois projetos de relevância foram instituídos: para o cinema, os **Editais de Produção de Longas Metragens de Baixo Orçamento (BO)**; para o segmento televisivo, o **Programa DocTV** de estímulo à produção de documentários – inicialmente de abrangência nacional, posteriormente ampliado para a Ibero-América e a Comunidade dos Países de Língua Portuguesa (CPLP), em uma ação inédita do governo federal.

Vale ressaltarmos a implementação de um mecanismo de repasse direto de recursos públicos para as demandas artísticas e culturais, sem qualquer intermediação de empresas, sejam elas privadas ou públicas.

O FNC foi criado pela Lei n. 8.313/1991 com a finalidade de manter sob controle estatal as prerrogativas de investimentos em setores que tivessem "menos possibilidades de desenvolvimento com recursos próprios" (Brasil, 1991a). Além disso, nas ações previstas pelo mecanismo, também estava contemplada a concessão de prêmios e bolsas de estudo para pesquisas, conforme expresso no art. 3º:

> Art. 3º Para cumprimento das finalidades expressas no art. 1º desta lei, os projetos culturais em cujo favor serão captados e canalizados os recursos do Pronac atenderão, pelo menos, um dos seguintes objetivos:
> I – incentivo à formação artística e cultural, mediante:
> a) concessão de bolsas de estudo, pesquisa e trabalho, no Brasil ou no exterior, a autores, artistas e técnicos brasileiros ou estrangeiros residentes no Brasil;
> b) concessão de prêmios a criadores, autores, artistas, técnicos e suas obras, filmes, espetáculos musicais e de artes cênicas em concursos e festivais realizados no Brasil [...]. (Brasil, 1991a)

Malgrado o fato de o FNC ter sido instituído pela lei que regulamentou as isenções fiscais para a cultura a partir de 1991, sua utilização também foi sendo gradativamente convertida em uma das ferramentas de fomento de maior envergadura do governo federal brasileiro.

1.3.2 Fundos de Investimento Cultural e Artístico (Ficart)

O Ficart é um fundo de investimento operado mediante a emissão de títulos na bolsa de valores, e sua constituição, seu funcionamento e sua administração ficam a cargo da Comissão de Valores Mobiliários (CVM) e sujeitos ao regime da Lei n. 6.385, de 7 de dezembro de 1976 (Brasil, 1976)[24].

Apesar de sua criação pela Lei n. 8.313/1991, o Ficart nunca foi efetivamente implementado. As razões para isso talvez residam nos diferentes atrativos à iniciativa privada, no que se refere às duas modalidades previstas de investimento em cultura, por meio da Lei Rouanet, pelo Ficart e pela renúncia fiscal.

A diferença entre o Ficart e as outras modalidades se fundamenta na forma de participação e repasse de recursos a projetos culturais, bem como na natureza dos recebedores dos incentivos, como registrado no texto da Lei n. 8.313/1991:

> Art. 9º São considerados projetos culturais e artísticos, para fins de aplicação de recursos do Ficart, além de outros que venham a ser declarados pelo Ministério da Cultura:
> I – a produção comercial de instrumentos musicais, bem como de discos, fitas, vídeos, filmes e outras formas de reprodução fonovideográficas;

---

24   A Lei n. 6.385/1976, que dispõe sobre o mercado de valores mobiliários, criou a CVM.

II - a produção comercial de espetáculos teatrais, de dança, música, canto, circo e demais atividades congêneres;

III - a edição comercial de obras relativas às ciências, às letras e às artes, bem como de obras de referência e outras de cunho cultural;

IV - construção, restauração, reparação ou equipamento de salas e outros ambientes destinados a atividades com objetivos culturais, de propriedade de entidades com fins lucrativos;

V - outras atividades comerciais ou industriais, de interesse cultural, assim consideradas pelo Ministério da Cultura. (Brasil, 1991a)

As áreas e os interesses contemplados pela modalidade são bastante amplos e se aproximam em muito das contidas no FNC e no mecenato. No entanto, ao prever um mecanismo com base na emissão de títulos de investimento na bolsa de valores, a ação envolvia um segmento de risco, no qual os investimentos estariam sujeitos "excessivamente" às leis de mercado.

No FNC, os recursos são repassados diretamente pelo Poder Público a PJs sem fins lucrativos, portadoras de projetos previamente aprovados pela CNIC. Para a modalidade *mecenato*, como explicitaremos a seguir, para ações levadas a cabo por PFs e PJs com fins lucrativos, os retornos financeiro e institucional são garantidos por uma série de dispositivos legais. Nessas duas modalidades, portanto, as vantagens dos retornos financeiros e institucionais para os investidores estariam mais sensivelmente asseguradas do que as previstas com a utilização do Ficart.

Todos esses fatores podem ter contribuído para que, em 24 anos de existência, a Lei Rouanet jamais contasse com a implementação efetiva do Ficart.

1.3.3 Incentivo a projetos culturais: mecenato

A modalidade *incentivo* inaugura uma nova relação entre as demandas artísticas e culturais e os recursos públicos destinados às produções culturais brasileiras. O mecanismo previsto é bastante simples: uma PF ou PJ, realizadora cultural, encaminha uma proposta à CNIC, a qual é formalizada em um modelo fornecido pelo Poder Público, em que constam dados gerais sobre o proponente, objetivos, justificativas, estratégias de ação, orçamentos detalhados, planos de divulgação e previsão de parcerias incentivadoras[25]. No projeto, consta também a natureza do segmento de produção cultural no qual a proposta se insere e, caso seja necessário ou justificável, cabe à CNIC promover sua readequação. Posteriormente, a Comissão faz uma análise exclusivamente técnica, tendo prazo de 90 dias para divulgar suas decisões. Na análise técnica, não deve haver qualquer avaliação meritória de cunho artístico, bastando que se demonstre a coerência contábil e financeira do projeto, devidamente descrita e justificada no formulário apresentado.

Em caso de aprovação, é iniciada a busca por parceiros incentivadores, PFs ou PJs devedoras de IR. Essa função, conhecida como *captação de recursos*, pode ser exercida por um profissional habilitado, como previsto no corpo da lei. Seus honorários não podem ultrapassar 10% do valor aprovado do projeto e, geralmente, suas qualificações estão diretamente relacionadas às suas redes de contatos de empresários.

Firmada a parceria, os recursos são depositados em uma conta vinculada ao projeto e, posteriormente, abatidos nos valores devidos ao Fisco pelo incentivador.

Após a finalização do projeto, o proponente apresenta, também em um formulário específico, sua prestação de contas, que é analisada pela CNIC, com posterior divulgação de sua aprovação ou reprovação, como manda a lei.

---

25   O formulário para encaminhamento de projetos está disponível para preenchimento *on-line* no seguinte endereço: <http://sistemas.cultura.gov.br/propostaweb>.

Esse mecanismo de incentivo, denominado *mecenato*, estava previsto na Lei n. 8.313/1991 e foi regulamentado pelo Decreto n. 455/1992, contemplando todas as especificidades dos três segmentos abrangidos pelo Pronac: o FNC, o Ficart e o mecenato.

Para o incentivo a projetos culturais, o referido decreto determinava:

> Art. 17. A União facultará a contribuintes do Imposto sobre a Renda, pessoas físicas ou jurídicas, estas se tributadas no lucro real, a opção de aplicarem parcelas do referido imposto com o objetivo de incentivar atividades mediante projetos aprovados, de acordo com as diretrizes do Pronac.
>
> [...]
>
> Art. 18. A faculdade de opção prevista no artigo anterior exercer-se-á:
>
> I – em favor do próprio contribuinte do Imposto sobre a Renda, desde que proprietário ou titular de posse legítima de imóveis tombados pelo Governo Federal;
>
> II – em favor de outros, em numerário, bens ou serviços, abrangendo:
>
> a) pessoas físicas ou jurídicas de natureza cultural, de caráter privado, sem fins lucrativos, sob a forma de doações ou pessoas jurídicas de natureza cultural, com ou sem fins lucrativos, sob a forma de patrocínio;
>
> b) o Fundo Nacional de Cultura (FNC), com destinação prévia ou livre, a critério do contribuinte;
>
> c) empregados e seus dependentes legais, pela distribuição gratuita de ingressos para eventos de caráter cultural, sempre por intermédio das respectivas organizações de trabalhadores na empresa. (Brasil, 1992a)

No que diz respeito às áreas culturais abrangidas pela modalidade, em seu art. 3º, a Lei n. 8.313/1991 descreve de maneira bastante ampla as áreas favorecidas, elencando os seguintes segmentos: "a) artes cênicas; b) livros de valor artístico, literário ou humanístico;

c) música erudita ou instrumental; d) circulação de exposições de artes plásticas; e) doações de acervos para bibliotecas públicas e para museus" (Brasil, 1991a).

Já no art. 3º, inciso XII, o Decreto n. 455/1992 relaciona os segmentos de:

a) teatro, dança, circo, ópera, mímica e congêneres;
b) produção cinematográfica, videográfica, fotográfica, discográfica e congêneres;
c) literatura, inclusive obras de referência;
d) música;
e) artes plásticas, artes gráficas, gravuras, cartazes, filatelia e outras congêneres;
f) folclore e artesanato;
g) patrimônio cultural;
h) humanidades;
i) rádio e televisão educativas e culturais de caráter não comercial;
j) cultura negra;
k) cultura indígena. (Brasil, 1992a)

Além disso, no parágrafo único do art. 25 da Lei n. 8.313/1991 está definido: "Os projetos culturais relacionados com os segmentos culturais do inciso II deste artigo deverão beneficiar exclusivamente as produções culturais-educativas de caráter não comercial, realizadas por empresas de rádio e televisão" (Brasil, 1991a).

Não apenas nesse parágrafo, mas também em vários outros pontos da lei, o incentivo à cultura por meio de renúncia fiscal tentava promover uma distinção entre as produções de grande apelo mercadológico ou já inseridas no mercado da indústria cultural e as de caráter independente, ainda com pouca projeção local, regional ou nacional.

O termo *incentivo* evidencia essa intenção, uma vez que recursos são destinados para alavancar produções ainda não estabelecidas ou para manter outras tantas cujas linguagens artísticas possam oferecer restrições de qualquer natureza a um consumo ampliado ou a investimentos privados, a despeito de sua importância artística e cultural para a sociedade.

Há outro fator que deve ser agregado às formas de abatimento legal de incentivos à cultura. De posse de um projeto aprovado pela CNIC, o empreendedor inicia sua atividade à procura de um apoiador, PF ou PJ, que tenha recursos que justifiquem um recolhimento expressivo de IR.

Como afirmamos anteriormente, o IR incide sobre os rendimentos tributáveis do ano fiscal, mas seu cálculo definitivo, com as devidas correções, é realizado com a Declaração de Imposto de Renda, de PF ou PJ, prestada ao governo.

Para efeito de participação no mecenato da Lei Rouanet, isso significa que, quando se realiza uma hipotética transferência financeira de 100 mil reais para um projeto cultural, os valores cabíveis podem ser restituídos, no todo ou em parte, apenas ao se efetuar a Declaração de Rendimentos.

Para uma PF, a Declaração de Renda é realizada entre os meses de março e abril de cada ano. Então, o tempo de espera de um incentivador dessa natureza pode variar de 5 a 23 meses, entre a destinação de recursos com depósito em conta vinculada e seu efetivo abatimento. Já para a PJ, a declaração de IR é realizada anualmente, mas nos meses de maio e junho. Dependendo do caso, o tempo de espera para a efetivação dos ressarcimentos pode variar de 6 a 23 meses, a contar da data do depósito em uma conta vinculada ao projeto apoiado.

Para ambos os casos, entretanto, há um **desembolso antecipado** de recursos. A depender naturalmente das quantias canalizadas e do potencial de investimento de cada incentivador, essa antecipação pode ter seus impactos relativizados para mais ou para menos.

Esses são os principais pontos que destacamos da Lei Rouanet, criada em 1991 e vigente até os dias de hoje. Apesar de seus inúmeros problemas e limitações, essa lei tem se mostrado uma importante ferramenta de fomento às produções artísticas e culturais brasileiras. Os impactos em toda a cadeia produtiva das artes e das culturas ainda necessitam ser devidamente estudados, para que tenhamos um entendimento sobre os ganhos e os limites não apenas para artistas e produtores, mas também para a sociedade como um todo.

Síntese

Neste capítulo, abordamos questões relativas a ações públicas para incentivo à cultura com base em isenções fiscais, seus históricos no Brasil e no mundo. Também fizemos breves exposições de modelos em países dos continentes americano e europeu.

Quanto ao caso brasileiro, descrevemos em linhas gerais a implementação do Sistema Nacional de Cultura (SNC), das Leis Sarney e Rouanet, além de algumas outras medidas públicas que visaram ao aperfeiçoamento de ferramentas de fomento a ações artísticas e culturais em âmbito nacional.

Tratamos detalhadamente da criação da Lei Rouanet, ainda vigente, e de seus mecanismos de incentivo – o Fundo Nacional de Cultura (FNC), o Fundo de Investimento Cultural e Artístico (Ficart) e o incentivo a projetos culturais (mecenato) –, de modo a esclarecer as bases desses sistemas públicos de financiamento.

Atividades de autoavaliação

1. O Sistema Nacional de Cultura (SNC):
    a) sugere um modelo de gestão centralizado pelo governo federal, sem a participação de estados e municípios.
    b) foi instituído pelo Presidente Fernando Henrique Cardoso em 1997, no início de seu segundo mandato.

c) é um sistema não compartilhado de gestão entre os entes federados (União, estados e municípios), mas conta com a participação da sociedade civil.

d) é um sistema compartilhado de gestão entre os entes federados (União, estados e municípios) e conta com a participação direta da sociedade civil organizada.

2. Com relação à participação dos Estados nacionais na gestão das artes e das culturas, podemos afirmar que:
    a) há uma tendência no mundo de acabar com as ações públicas.
    b) na Europa e nos Estados Unidos, não há ação pública.
    c) o Brasil é um dos únicos países a contar com ações públicas.
    d) no mundo, há uma tendência crescente de participação da iniciativa privada, em conjunto com o Poder Público.

3. Sobre a Lei n. 7.505/1986, a Lei Sarney, é correto afirmar que:
    a) era voltada apenas para pessoas físicas.
    b) não exigia nenhum cadastramento prévio de proponentes ou incentivadores.
    c) tinha no Imposto sobre a Renda (IR) a fonte de seus recursos.
    d) os abatimentos concedidos a incentivadores eram de, no máximo, 75% dos valores incentivados.

4. A respeito da Lei n. 8.313/1991, a Lei Rouanet, é correto afirmar que:
    a) foi o primeiro modelo de lei de incentivo criado pelo governo brasileiro.
    b) utilizava mecanismos semelhantes aos da Lei Sarney, remodelados para uma realidade de maior participação da sociedade civil.
    c) não utilizava o Imposto sobre a Renda (IR) como fonte de recursos.
    d) teve prazo de validade determinado e foi extinta no dia 31 de dezembro de 1999.

5. Criado pela Lei n. 8.313/1991, o Fundo Nacional de Cultura (FNC):
   a) é um mecanismo público de fomento que conta com a participação da iniciativa privada.
   b) prevê apenas ações para as artes visuais.
   c) não permite a participação de instituições e autarquias públicas.
   d) é um mecanismo direto de investimento de recursos públicos.

Atividades de aprendizagem

Questões para reflexão

1. Desde os anos 1930, o Estado brasileiro desenvolveu ações, ainda que de pequena envergadura, com vistas a atuar sobre os segmentos de produção cultural. A criação de superintendências, secretarias, autarquias, fundações, empresas públicas e ministérios nas últimas oito décadas mostrou-se importante não apenas para o financiamento dos mais diversos segmentos artísticos e culturais brasileiros, mas também para o estímulo à formação de um mercado de produção e consumo internos. A partir de 1986, com a promulgação da Lei Sarney, a participação da iniciativa privada passou a ser preponderante na escolha e no direcionamento de parte dos investimentos públicos para os diversos setores culturais. Entretanto, neste capítulo, vimos que essa realidade não foi exclusiva do Brasil. Em outros países do mundo, foram implementados modelos semelhantes de parcerias público-privadas (PPPs), resguardadas algumas diferenças fundamentais, notadamente no que se refere aos percentuais de isenção. Parece-nos lícito concluir que a isenção fiscal para a cultura tendeu a ser, a partir dos anos 1980,

uma ferramenta importante para o fomento às atividades relacionadas à produção e ao consumo de bens culturais. Você concorda com isso? Por quê?

2. As leis de incentivo brasileiras de âmbito federal têm como característica a utilização de parte da receita do Imposto sobre a Renda (IR) no fomento às produções culturais, com participação da iniciativa privada (mecenato) ou com ações diretas do Estado (Fundo Nacional de Cultura – FNC). Isso permitiu que pessoas jurídicas (empresas) ou pessoas físicas passassem a escolher, ainda que de forma limitada, os destinos dos investimentos públicos. Dessa maneira, sob normas e diretrizes estabelecidas pelo Poder Público, tais mecanismos são uma forma de democratização dos recursos públicos, cujos direcionamentos são determinados segundo a perspectiva de investidores, patrocinadores e incentivadores. De outro modo, em se tratando de recursos públicos, não seria apropriada a transferência dessa instância de decisão à iniciativa privada, já que os interesses corporativos ou pessoais poderiam ter supremacia em relação aos de toda a sociedade, objeto-fim de todas as ações públicas. Você concorda com isso? Por quê?

Atividades aplicadas: prática

1. Entreviste seus pares sobre as leis de incentivo brasileiras. Você pode fazer questionamentos sobre a história desses mecanismos, os segmentos sociais envolvidos e a pertinência dessas leis para a sociedade em geral. Depois disso, compare as respostas obtidas com o conteúdo que abordamos neste capítulo. O resultado poderá ajudar você a entender melhor a média das opiniões sobre o tema.

2. Elabore um plano de aula com os conteúdos que apresentamos sobre as diferentes modalidades da Lei Rouanet. Você pode abordar desde os impostos sensibilizados até aspectos funcionais do Fundo Nacional de Cultura (FNC), do Fundo de Investimento Cultural e Artístico (Ficart) e do incentivo a projetos culturais (mecenato). No final deste livro, você encontra um modelo de plano de aula (Apêndice).

2

O público e o privado: as relações no financiamento de projetos culturais

Neste capítulo, apresentaremos alguns dados estatísticos relativos aos investimentos públicos realizados em todo o Brasil por meio da Lei Rouanet. Esses dados servirão como base para análises sobre os limites desse importante mecanismo e sobre algumas das justificativas para sua criação.

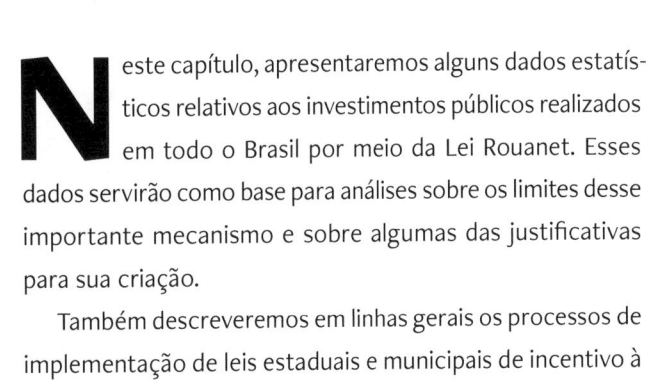

Também descreveremos em linhas gerais os processos de implementação de leis estaduais e municipais de incentivo à cultura em todo o Brasil, bem como as propostas de construção de parcerias público-privadas (PPPs) na gestão de parte dos recursos destinados às artes e às culturas.

Finalmente, abordaremos alguns mecanismos do crescente modelo de financiamento coletivo, conhecido por *crowdfundig*[1], e versaremos sobre a busca por apoio e seus limites e vantagens em relação às leis de incentivo.

---

1 Mais adiante, explicitaremos o significado desse termo e apresentaremos detalhes dessa modalidade de investimento.

2.1 Os números no Brasil

A seguir, apresentaremos alguns dados acerca da utilização de recursos públicos por meio dos mecanismos da Lei Rouanet entre os anos de 1993 e 2014. É importante salientarmos que essas informações são públicas e atualizadas periodicamente em página oficial do Ministério da Cultura (MinC), a qual referenciaremos adiante.

2.1.1 A Lei Rouanet e os problemas da centralização de recursos

No Capítulo 1, comentamos alguns aspectos dos mecanismos de incentivo fiscal para a cultura; agora analisaremos um problema que vem sendo muito debatido por artistas e produtores, pelo Poder Público e pela sociedade em geral: a centralização dos investimentos realizados por meio da Lei Federal de Incentivo à Cultura, a Lei Rouanet.

O volume de investimentos evidencia que a modalidade *mecenato* sofreu, ao longo dos últimos 20 anos, um processo de concentração de recursos no que se refere à localização geográfica dos beneficiários, em razão de fatores de natureza legal (problemas oriundos da própria lei) e de aspectos mais subjetivos, ainda que acabem por resultar em questões bastante práticas. Elencamos aqui alguns desses fatores:

a) Um artista já reconhecido nacionalmente tem, por via de regra, mais facilidade para encontrar interesse de incentivadores privados.

b) Faltam mecanismos que estimulem pessoas físicas (PFs) e pessoas jurídicas (PJs) incentivadoras a buscar projetos diversificados, do ponto de vista geográfico e cultural, por exemplo.

c) A dinâmica de incentivo e sua relação com as datas efetivas dos abatimentos são também, no caso da Lei Rouanet, elementos que dificultam a viabilização de projetos de pequenos empreendedores.

d) Faltam parâmetros ou limites diferenciados de participação para artistas já consagrados em relação aos menos conhecidos.

e) Faltam parâmetros ou limites diferenciados para a participação de autarquias ou instituições representantes de poderes públicos, como organizações da sociedade civil de interesse público (Oscips) ou organizações sociais (OSs)[2].

Para esclarecermos essas questões, recorremos aos dados relativos aos totais de recursos aplicados por meio da Lei Rouanet (mecenato) em cada uma das cinco regiões brasileiras. Na Tabela 2.1, evidenciamos a distribuição dos montantes empregados efetivamente de 1993 a 2014.

Tabela 2.1 – Recursos federais efetivamente aplicados: mecenato

Ano	Região Sudeste	Região Sul	Região Nordeste	Região Centro-Oeste	Região Norte
1993	21.212,78	0	0	0	0
1994	505.051,57	28.700,00	0	0	0
1995	12.092.997,75	354.516,77	300.750,00	165.500,00	0
1996	98.608.882,42	4.231.061,74	3.032.735,33	5.360.617,09	469.939,80
1997	176.346.910,39	15.228.083,93	8.694.023,11	6.681.091,75	999.198,22
1998	193.281.731,37	18.983.732,20	8.909.402,53	7.311.350,28	4.087.152,43
1999	175.365.466,72	17.888.151,06	12.199.908,36	5.115.026,72	801.956,36

(continua)

---

2 Oscips e OSs são organizações/entidades privadas que podem receber concessões do Poder Público para o gerenciamento de parte das atribuições da gestão pública.

(Tabela 2.1 – continuação)

Ano	Região Sudeste	Região Sul	Região Nordeste	Região Centro-Oeste	Região Norte
2000	246.901.353,31	20.977.488,00	13.077.973,47	8.912.614,28	144.416,73
2001	302.432.203,15	33.252.874,33	21.180.467,29	10.715.288,93	470.232,33
2002	268.905.980,20	42.944.821,96	20.225.906,47	10.629.280,62	1.928.199,00
2003	328.479.185,03	42.944.479,19	30.198.597,44	22.663.547,44	6.508.138,00
2004	389.145.652,38	63.544.005,37	32.589.076,58	16.641.767,40	9.827.900,26
2005	573.063.420,41	77.761.293,29	51.750.760,53	18.435.274,05	4.540.354,10
2006	682.210.396,37	81.233.857,00	55.831.915,04	28.407.754,35	6.438.946,71
2007	790.623.524,56	101.344.026,31	62.683.731,91	27.057.727,76	8.101.487,28
2008	761.999.856,77	109.347.569,95	59.799.563,27	26.471.637,56	5.246.755,35
2009	770.970.139,28	102.114.655,27	65.182.453,75	36.148.191,50	5.594.666,59
2010	901.007.849,09	132.998.736,50	71.085.197,60	32.585.797,92	26.837.268,08
2011	1.056.877.471,13	151.311.663,03	69.221.524,36	38.406.703,14	8.507.185,22
2012	1.031.484.224,43	151.245.225,78	56.175.124,52	28.555.870,74	9.125.253,24
2013	1.013.137.317,66	169.134.770,78	52.846.932,77	20.013.829,12	6.848.541,93
2014	1.053.246.584,30	173.789.929,90	70.229.015,65	22.551.963,84	9.906.456,26
Total	10.826.707.411,00	1.510.659.642,36	765.215.059,98	372.830.834,49	116.384.047,89

Fonte: Adaptado de Brasil, 2016b.

Esses número permitem verificar o volume de concentração de investimentos pelas regiões brasileiras. Entre 1993 e 2014, foram canalizados para a Região Sudeste três vezes mais recursos do que o total somado de todas as outras regiões. Em termos percentuais, no Gráfico 2.1 fica explícita essa realidade, o que evidencia a necessidade de revisão de alguns dos parâmetros que regem o funcionamento da Lei Rouanet.

Gráfico 2.1 – Demonstrativo da distribuição de recursos: mecenato

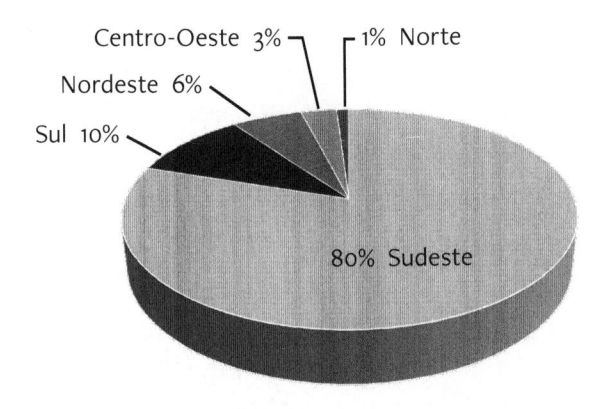

- Centro-Oeste 3%
- 1% Norte
- Nordeste 6%
- Sul 10%
- 80% Sudeste

Fonte: Elaborado com base em Brasil, 2016b.

Essa concentração é resultado de vários fatores de natureza técnica e política (ambientes públicos ou privados). De maneira simplificada, a concentração dos veículos de comunicação de alcance nacional (redes de televisão, jornais, revistas, TVs a cabo etc.) nas cidades de São Paulo e Rio de Janeiro, bem como de grandes conglomerados industriais e financeiros no estado e na cidade de São Paulo contribuem para a manutenção dessa realidade, mantendo os níveis de investimento dos recursos públicos atrelados a uma supremacia dos interesses mercantis. Aliado aos fatores que enumeramos existe o fato de que, desde sua implementação em 1991, ainda que tenha cumprido um papel importante na realidade das produções artísticas e culturais brasileiras, a Lei Rouanet relegou a planos secundários produções de menor porte.

Os impactos dessa realidade extrapolam as questões financeiras. Aspectos da diversidade cultural e do dinamismo de uma "economia das trocas simbólicas"[3] são afetados substancialmente, na medida em que as linguagens contempladas por investimentos realizados pela lei são, em sua maioria, representantes do que se consolidou nos meios de comunicação de massa (principalmente TVs, rádios, jornais e revistas).

A solução desse problema, sem o comprometimento do Poder Público e de toda a sociedade, não parece fácil, pois depende de ações políticas que, eventualmente, enfrentam resistências de segmentos distintos da produção cultural brasileira. Entretanto, são inegáveis os avanços, ainda que em velocidade inferior à desejada e necessária.

Algumas reformas da Lei Rouanet foram promovidas ao longo dos últimos anos, em especial a partir da década de 2000. Pontos importantes têm sido debatidos em todo o Brasil, e um projeto de lei (PL) se encontra em tramitação no Congresso Nacional, o PL n. 6.722/2010 (Brasil, 2010a). Modificações de percentuais de abatimento por meio do mecenato e o fortalecimento do Fundo Nacional de Cultura (FNC) são algumas das proposições de destaque. A aprovação do texto com essas e outras alterações tende a fomentar debates acalorados entre políticos, segmentos artísticos e grandes conglomerados empresariais e financeiros, detentores de interesses em relação ao mecanismo, ora comuns, ora antagônicos. A despeito de todos os problemas, o ambiente democrático e participativo tem imperado, ainda que com certos limites, o que evidencia a possibilidade de entendimentos entre os interesses envolvidos.

---

3   Alusão ao livro de Pierre Bourdieu, *A economia das trocas simbólicas* (2005), no qual o autor analisa a realidade das culturas inseridas em um mercado de consumo.

2.1.2 Os limites da lei

Já comentamos que houve um crescimento da quantidade de projetos incentivados pela modalidade *mecenato* da Lei Rouanet, bem como dos valores envolvidos nesse segmento. Entre 1993 e 2014, ocorreu um inegável incremento da utilização de recursos dentro dessa dinâmica; porém, a partir de 1999, os volumes financeiros utilizados aumentaram ainda mais significativamente. Entre as razões para isso ter ocorrido, destacamos um maior conhecimento do empresariado, de produtores e de realizadores culturais a respeito do mecanismo e também a publicação da Medida Provisória (MP) n. 1.871-26, de 24 de setembro de 1999 (Brasil, 1999d), revogada posteriormente pela Lei n. 9.874, de 23 de novembro de 1999 (Brasil, 1999c). A referida MP determinava:

> Altera dispositivos da Lei n. 8.313, de 23 de dezembro de 1991, e dá outras providências.
>
> [...].
>
> [Lei n. 8.313, art. 18]
>
> Art. 18. [...]
>
> § 1º Os contribuintes poderão deduzir do imposto de renda devido as quantias efetivamente despendidas nos projetos elencados no § 3º, previamente aprovados pelo Ministério da Cultura, nos limites e nas condições estabelecidos na legislação do imposto de renda vigente, na forma de:
>
> a) doações; e
>
> b) patrocínios.
>
> § 2º As pessoas jurídicas tributadas com base no lucro real não poderão deduzir o valor da doação ou do patrocínio referido no parágrafo anterior como despesa operacional.

§ 3º As doações e os patrocínios na produção cultural, a que se refere o § 1º, atenderão exclusivamente aos seguintes segmentos:

a) artes cênicas;
b) livros de valor artístico, literário ou humanístico;
c) música erudita ou instrumental;
d) circulação de exposições de artes plásticas;
e) doações de acervos para bibliotecas públicas e para museus. (Brasil, 1999d)

Na prática, o art. 18 da Lei n. 8.313, de dezembro de 1991 (Brasil, 1999a), daria isenções diretas de 100% aos valores aplicados em projetos culturais de determinados segmentos. Foram excluídas desses benefícios as produções de música popular e as atividades mistas, contemplando dois ou mais segmentos artísticos, que seriam enquadradas como *artes integradas*. Ambas foram contempladas pela regra contida no art. 26 da mesma lei.

Com essa pequena reforma, o Poder Público conferiu características completamente peculiares à Lei Rouanet. Se antes apenas o FNC, por meio de uma gestão pública de repasses diretos, tinha mecanismos de incentivos a fundo perdido, a partir desse momento essa prerrogativa foi concedida também à iniciativa privada, por meio de mecanismos distintos.

Para os segmentos elencados no parágrafo 3º do art. 18 da Lei n. 9.874/1999, PFs ou PJs poderiam abater 100% dos valores incentivados em projetos culturais. Isso resultou, em última instância, em investimentos públicos e escolhas privadas, com implicações diretas para todo o complexo de isenções fiscais realizadas graças às leis federais de incentivo à cultura.

A esse respeito, lembremos as palavras de Néstor García Canclini (2008b, p. 36):

> As políticas privadas e públicas, reconfiguradas sob critérios empresariais, preferiram, em vez de uma originalidade que aspire criar seus receptores, a capacidade de

retorno dos investimentos feitos em exposições e espetáculos. Cada vez pergunta-se menos o que traz de novo essa obra ou esse movimento artístico. Interessa saber se essa atividade se autofinancia, gera lucros e prestígio para a empresa que a patrocina. Poucos artistas conseguem interessar um patrocinador sem oferecer-lhe impacto na mídia e benefícios materiais ou simbólicos.

Como explicamos, em todos os países nos quais as isenções fiscais são utilizadas como mecanismos para a participação da iniciativa privada em investimentos culturais, são distintos os segmentos favorecidos. Entre os casos que descrevemos e analisamos aqui, não há sequer um exemplo de abatimentos totais para investimentos em produções voltadas para o mercado. Há, basicamente, três modalidades, com diferentes formas de regulação em cada país. O primeiro deles prevê **isenções fiscais apenas para repasses a beneficiários cujas atividades não tenham fins lucrativos**. Estados Unidos, Inglaterra, França, Colômbia, Chile e Uruguai estão incluídos nesse segmento. O segundo exige um **complemento de capital privado em incentivos dirigidos a produções culturais já inseridas em um mercado de consumo**. Espanha, Portugal, Áustria, Itália e Uruguai seguem esse modelo. Um terceiro exemplo contempla **os produtos resultantes das ações, com acesso garantido e gratuito para toda a população**. Nesse caso se insere a lei de incentivo do Uruguai[4].

Portanto, o Brasil é o primeiro país dentre os que elencamos aqui a conceder isenções fiscais totais para ações da iniciativa privada voltadas para a cultura, sem distinção dos objetivos e/ou potenciais mercadológicos dos favorecidos. Independentemente das circunstâncias sociais e políticas em que tais medidas foram tomadas, essas questões

---

4   No Uruguai, a *Ley de Presupuestos* é composta por dois mecanismos distintos de isenções fiscais.

definiram o modelo de parte dos investimentos realizados pelo Estado brasileiro a partir dos últimos anos da década de 1990.

Para esclarecermos melhor esse mecanismo, é importante adicionarmos elementos e informações relacionadas aos produtores e empreendedores, potenciais participantes, e às modificações ocorridas nas práticas empresariais com vistas à adaptação às novas realidades.

Comecemos com os caminhos percorridos por um empreendedor cultural para a utilização dos recursos da Lei Rouanet:

a) elaboração de projeto;
b) encaminhamento à Comissão Nacional de Incentivo à Cultura (CNIC) para análise;
c) recebimento de certificado de aprovação;
d) captação de recursos;
e) realização efetiva da proposta constante no projeto; e
f) prestação de contas à CNIC e ao MinC.

Essas são, em linhas gerais, as etapas necessárias para que se realize plenamente uma ideia artística ou cultural por meio das isenções fiscais no Brasil. Para cada uma delas, há peculiaridades no que concerne aos procedimentos necessários para seu completo êxito.

Durante as últimas décadas, em um mundo em processo de globalização, registra-se uma crescente **profissionalização** em todos os segmentos da cadeia produtiva, o que se aplica também às atividades artísticas e culturais. No mercado consumidor, isso esteve igualmente atrelado a um nível de eficiência de produtores, realizadores e profissionais do campo administrativo e burocrático. O acesso aos recursos, públicos ou privados, tem se dado por meio do conhecimento e do domínio de habilidades específicas desses profissionais que, com o passar dos anos, tiveram suas atividades incorporadas ao fazer artístico, otimizando o tempo e aprimorando técnicas de elaboração e venda de ideias.

Eis o que afirma Renato Ortiz (2007, p. 83):

> O parcelamento das tarefas permite um ganho na produtividade, mas para isso é necessária uma padronização da escolha. A restrição e simplificação do menu é uma exigência da rotatividade fabril. Porém, o sucesso da fórmula se explica pela sincronia entre produção e consumo. A rapidez não é uma qualidade restrita ao universo empresarial, ela permeia a vida dos homens. No mundo moderno, o tempo é uma função da inter-relação de um conjunto de atividades, entre elas: morar, vestir, fazer compras, trabalhar, passear etc. Adaptar-se ou não a seu ritmo passa a ser uma questão fundamental. "Perder tempo" significa estar em descompasso com a ordem das coisas.

Na elaboração de um projeto para encaminhamento em formulário específico à CNIC, são necessárias informações claras, objetivas e convincentes a respeito das etapas de realização, dos objetivos a serem atingidos por meio de procedimentos artísticos, administrativos, contábeis, de *marketing* etc.

Com uma relativa complexidade, o preenchimento desse formulário exige atenção, técnicas apropriadas de explanação de ideias e conhecimento dos universos relacionados. Assim, identificação do projeto e do proponente, objetivos, justificativa, estratégia de ação, plano de distribuição do produto, tiragem, período de execução, duração, datas, descrição detalhada dos orçamentos, currículos dos profissionais envolvidos, declarações, certidões etc. são termos e procedimentos de conhecimento obrigatório para qualquer empreendedor cultural. Essa é a primeira barreira a ser superada.

Após a elaboração, o projeto é encaminhado à CNIC, que, nos prazos estabelecidos em lei – em média 60 dias para o mecenato, com limite legal de 90 dias –, promove análise técnica da proposta e, posteriormente, divulga no *Diário Oficial da União* (DOU) a relação de aprovados. Vale lembrarmos que, para as propostas rejeitadas, cabem recursos à própria CNIC, que, diante de fatos novos ou dados complementares, pode reverter sua decisão.

Em seguida, é emitido um certificado de aprovação – a Certidão de Enquadramento –, que habilita o proponente a receber recursos de doadores, incentivadores e patrocinadores, por meio de depósito em conta bancária vinculada ao projeto. Nesse momento, tem início a etapa decisiva do processo de realização da proposta e mais um crivo de avaliação, agora feito sob a responsabilidade dos potenciais incentivadores.

Com a crescente demanda de propostas habilitadas ao incentivo, empresas de grande porte gradativamente desenvolveram e aperfeiçoaram mecanismos para a análise de projetos aprovados pela CNIC, já habilitados, portanto, a receber recursos. Muitas dessas organizações criaram estruturas específicas, quase sempre atreladas a departamentos de *marketing*, para a **avaliação** dos ganhos e benefícios de sua participação em ações culturais. O grifo na palavra *avaliação* não é fortuito. Observemos que, para a grande maioria das áreas artísticas e culturais, os abatimentos dos investimentos realizados por meio da Lei Rouanet chegam a 100% do valor efetivamente empregado. Além disso, quando a proposta é habilitada a receber recursos, já passou pela análise da CNIC, ou seja, por um processo de avaliação pública.

No entanto, grandes empresas têm estruturas administrativas complexas, compostas por diversas instâncias decisórias no que diz respeito a investimentos de qualquer natureza. Ainda que a participação do incentivador, via mecenato, ocorresse mediante gerenciamento de recursos públicos, não tardaria para que essas empresas organizassem estruturas voltadas exclusivamente ao mecanismo, em detrimento de suas ações de patrocínio com investimentos próprios.

Por mais paradoxal que pareça, a chancela *patrocínio* prevaleceu para caracterizar a ação das empresas, e não a do governo federal, o verdadeiro patrocinador das ações fomentadas pela Lei Rouanet.

Mesmo tendo em vista o fato de os recursos serem públicos e não do incentivador, essa designação já estava contida na lei. Como afirmamos, ela determinava que os termos utilizados fossem "doadores, incentivadores e/ou patrocinadores", dependendo do mecanismo utilizado: o Fundo Nacional de Cultura (FNC) ou o Fundo de Investimento Cultural e Artístico (Ficart). Já o mecenato previa duas opções, "doações ou patrocínios", mesmo quando os abatimentos não alcançavam a totalidade dos valores investidos pela empresa (Brasil, 1991a).

Ora, como já mencionamos, a partir da Lei n. 9.874/1999, à exceção de dois segmentos artísticos, música popular e artes integradas, todos os demais passaram a contar com 100% de abatimento. Além disso, o investidor ainda receberia, por imposição legal, a veiculação de sua marca em todos os materiais gráficos e audiovisuais ligados à realização artística. É claro que também eram exigidos os créditos do MinC e do governo federal, mas, em muitos casos, as instituições públicas – ou seja, o Estado brasileiro – apareciam como apoiadores ou incentivadores ou, ainda, sem designação apropriada, práticas no mínimo questionáveis se levarmos em conta a origem dos recursos.

Em que pesem os reconhecidos ganhos da produção artística brasileira com o advento das leis de incentivo, esse equívoco também poderia induzir o público consumidor a um erro de leitura sobre a natureza do bem artístico ou cultural. A esse respeito, recorremos às palavras de Renato Ortiz sobre a formação de grandes conglomerados mundiais e suas implicações para a cultura:

> A rigor, devido à magnitude do mercado global, e da competição entre as empresas, as fusões resultam como uma forma de maximização dos lucros. As grandes corporações, independentemente de suas fidelidades nacionais, se juntam para melhor administrar suas políticas [...]. A estratégia das empresas reflete as transformações ocorridas nos níveis tecnológico e econômico. A forma "conglomerado" é uma

resposta às exigências do mercado. A associação de empresas diferenciadas, mas afins, multiplica a capacidade de ação global. [...] Cultura e infraestrutura se apoiam mutuamente. (Ortiz, 2007, p. 164-165)

Por outro lado, Jean-Pierre Warnier, a respeito da relação dos Estados com suas minorias, afirma:

No mundo inteiro, os Estados são os primeiros responsáveis pelo etnocídio de suas próprias minorias. Isso não é uma consequência da hegemonia das potências industriais. É preciso procurar sua causa na hegemonia exercida localmente pelas etnias dominantes e na fragilidade dos jovens Estados que tentam se construir sobre um nacionalismo reinventado e voluntariamente unificado. Mas pela brecha aberta nas defesas de identidade, entram os produtos das indústrias culturais. (Warnier, 2003, p. 106)

Ao ampliar os benefícios de abatimentos para 100% do montante investido, o Poder Público acabou por estimular a participação de grandes conglomerados em projetos de ampla visibilidade, vinculando suas marcas a ações culturais de envergadura e de projeção. Ainda que os objetivos iniciais da lei de incentivo tivessem foco em produtores independentes de pequena envergadura e em toda a gama de artistas e realizadores pouco assistidos pelo mercado, gradativamente a lei se estabeleceu como um polo concentrador de ações, cujas naturezas e interesses tenderiam a ser, se não opostos, tangenciais aos seus propósitos.

Como exposto até este ponto, os dados dos anos de 1992 a 2014 sobre os volumes incentivados apontam para esse panorama pouco alentador. Nesse cenário, parece-nos claro que a escolha realizada pelas empresas investidoras tende a não ocorrer ao acaso.

Elas têm visado sobretudo à natureza e à envergadura dos projetos, bem como ao impacto positivo de ações para as suas marcas.

Em um mundo moldado pelo consumo de massa, retornos institucionais satisfatórios para a imagem da empresa tendem a estar ligados à fama dos recebedores dos incentivos. Grandes projetos, que contam com a participação de artistas já consagrados ou que preveem ações localizadas, com grande repercussão e concentradas nos centros do eixo da comunicação de massa (São Paulo e Rio de Janeiro, por exemplo), receberam maior atenção dos investidores em detrimento de pequenos empreendedores independentes.

Essa realidade se mostra completamente distinta daquela característica dos modelos próximos ou não ao brasileiro que se utilizam de incentivos fiscais para a gestão privada de recursos públicos investidos em cultura. Em todos eles, as produções independentes, as instituições sem fins lucrativos e as ações voltadas para a socialização da produção cultural e o reconhecimento de valores de identidades locais e nacionais são o foco das ações dos Estados, inclusive aquelas que se utilizam de isenções fiscais à iniciativa privada.

Ao ampliar os benefícios para a utilização dos diversos mecanismos de incentivo via mecenato, a lei brasileira estimulou o uso de recursos públicos por setores já tradicionalmente assistidos por um mercado de investimento e consumo.

Outro ponto que devemos considerar é a **intrincada relação entre as várias instâncias do Poder Público e a Lei Federal de Incentivo à Cultura**. Com o passar dos anos, essa relação tem se tornado cada vez mais próxima, quase simbiótica.

Em todo o Brasil, existem grandes eventos culturais de abrangência nacional e internacional, alguns realizados por prefeituras municipais, governos estaduais ou instituições federais sediadas em importantes cidades brasileiras. Para muitos deles, os recursos financeiros que viabilizam sua realização são provenientes da Lei Rouanet, se não em sua totalidade, ao menos em parte.

Com o impedimento legal da participação direta de prefeituras e governos estaduais em tais recursos, os investimentos passaram a ser feitos pelas Oscips, regulamentadas pela Lei n. 9.790, de 23 de março de 1999 (Brasil, 1999b), bem como pelas fundações, autarquias e associações públicas ligadas ao Poder Público ou por suas contratadas terceirizadas para a prestação de serviços. Ainda que prefeituras e governos estaduais não pudessem participar diretamente como proponentes em projetos encaminhados à Lei Rouanet, indiretamente o fizeram por intermédio dessas organizações, de modo a aumentar sensivelmente seu montante de recursos investidos em ações culturais.

O sucesso na captação de recursos está calcado na quantidade de capital simbólico presente na proposta ou na capacidade de seus interessados, diretos ou indiretos, acionarem as instâncias decisórias de potenciais patrocinadores. Não é difícil concluirmos que projetos como a Oficina de Música de Curitiba, a Feira Literária Internacional de Paraty, o Festival de Inverno da UFPR – Festival de Antonina, o Festival de Teatro de Curitiba, o Festival de Campos do Jordão, assim como tantos outros chancelados por prefeituras, governos de estados e instituições públicas, tendem a ser muito mais atrativos do que seus concorrentes, "ilustres desconhecidos", oriundos de segmentos da produção cultural independente brasileira. A despeito do valor artístico e cultural daquelas realizações, as leis de incentivo foram idealizadas para dar voz às demandas de pequeno porte e à diversidade da produção cultural independente nacional.

Assim, a concentração de recursos nos dois vértices do sistema (grandes incentivadores e grandes recebedores) é uma consequência natural do modelo de política de Estado instituído no Brasil com as leis de incentivo.

Por fim, interessa-nos comentar o tema dos **preços de comercialização** dos produtos resultantes dos investimentos públicos realizados graças à Lei Rouanet.

Chamamos a atenção para a regra contida nos parágrafos 1º e 2º do art. 2º da Lei n. 8.313/1991:

> Art. 2º [...]
>
> § 1º Os incentivos criados por esta Lei somente serão concedidos a projetos culturais cuja exibição, utilização e circulação dos bens culturais deles resultantes sejam abertas, sem distinção, a qualquer pessoa, se gratuitas, e a público pagante, se cobrado ingresso.
>
> § 2º É vedada a concessão de incentivo a obras, produtos, eventos ou outros decorrentes, destinados ou circunscritos a coleções particulares ou circuitos privados que estabeleçam limitações de acesso. (Brasil, 1991a)

É possível notar que a lei não estabelece impedimento de qualquer natureza para a comercialização das ações culturais realizadas com recursos públicos. Pelo contrário, seu conteúdo normatiza, de maneira genérica, essa prática. Entretanto, considerando-se que, com exceção da música popular e das artes integradas, todas as demais áreas proporcionam a seus investidores abatimentos integrais dos recursos investidos, existe um ambiente muito particular e de grande proveito para o seleto grupo que compõe o universo dos projetos viabilizados pela Lei Rouanet.

A realização de uma obra que conta com 100% de patrocínio público tem sua comercialização posterior feita segundo as regras de mercado. Realmente, é um grande negócio para todos, não fosse pelo quesito "acesso público aos bens produzidos", previsto também no corpo da lei. O acesso mediante pagamento de ingressos significa acesso restrito a quem pode pagar ingressos; dessa maneira, podemos questionar o cumprimento de um dos dispositivos essenciais da lei.

Também como determina a lei em questão, uma porcentagem (10% em média) de ingressos ou bens materiais oriundos de ações culturais deve ser destinada à distribuição gratuita à sociedade. Essas doações, no entanto, poderiam ser realizadas aos próprios incentivadores que, já agraciados com abatimentos totais de seus investimentos, têm suas marcas impressas em todos os materiais de divulgação do produto cultural e também 10% dos mesmos produtos ou ingressos derivados de suas ações.

Esses são, a nosso ver, alguns dos problemas importantes da Lei Rouanet, oriundos de limitações da legislação.

2.1.3 Ampliação de recursos ou apropriação duvidosa?

Nesta seção, discorreremos sobre os **processos de gestão privada dos recursos públicos por meio das leis de incentivo**. De forma simplificada, mas ilustrativa, podemos entender todo o processo como uma espécie de concessão realizada pelo Poder Público a PFs – em menor escala – e PJs – na quase totalidade dos casos.

Como prevê a Lei n. 8.313/1991, há dois tipos de abatimentos possíveis no mecenato, normatizados nos arts. 18 e 26.

Os projetos enquadrados no art. 18 são, na verdade, toda e qualquer proposta de qualquer área ou segmento artístico, com exceção de música popular e projetos do que a lei define como *artes integradas*. Na prática, podemos entender esta última expressão como propostas que englobam diversas áreas ou segmentos artísticos. Portanto, como mencionamos anteriormente, essas duas modalidades, música popular e artes integradas, são enquadradas no art. 26 da Lei Rouanet.

A diferença básica entre os dois artigos é simples: para projetos enquadrados no art. 18, os abatimentos para PJs são de 100% do valor investido.

> Art. 18. Com o objetivo de incentivar as atividades culturais, a União facultará às pessoas físicas ou jurídicas a opção pela aplicação de parcelas do Imposto sobre a Renda, a título de doações ou patrocínios, tanto no apoio direto a projetos culturais

apresentados por pessoas físicas ou por pessoas jurídicas de natureza cultural, como através de contribuições ao FNC, nos termos do art. 5º, inciso II, desta Lei, desde que os projetos atendam aos critérios estabelecidos no art. 1º desta Lei. (Brasil, 1991a)

A propósito, os termos *doação* e *patrocínio* tiveram suas especificações regulamentadas pelos incisos III e IX do art. 3º do Decreto n. 455, de 26 de fevereiro de 1992 (Brasil, 1992a):

> Art. 3º [...]
> III – Doação – transferência gratuita, em caráter definitivo, à pessoa física ou pessoa jurídica de natureza cultural sem fins lucrativos, de numerário, bens ou serviços para a realização de projetos culturais, vedado o uso de publicidade paga a divulgação desse ato;
> [...]
> IX – Patrocínio:
> a) a transferência gratuita, em caráter definitivo, à pessoa física ou jurídica de natureza cultural com ou sem fins lucrativos, de numerário para a realização de projetos culturais com finalidade promocional e institucional de publicidade;
> b) cobertura de gastos ou utilização de bens móveis ou imóveis, do patrimônio do patrocinador, sem a transferência de domínio, para a realização de projetos culturais por pessoa física ou jurídica de natureza cultural, com ou sem fins lucrativos. (Brasil, 1992a)

Já os percentuais de abatimento previstos no art. 26 são diferenciados, regulamentados da seguinte forma no texto da Lei n. 8313/1991:

> Art. 26. O doador ou patrocinador poderá deduzir do imposto devido na declaração do Imposto sobre a Renda os valores efetivamente contribuídos em favor de

projetos culturais aprovados de acordo com os dispositivos desta Lei, tendo como base os seguintes percentuais:

I – no caso de pessoas físicas, oitenta por cento das doações e sessenta por cento dos patrocínios;

II – no caso das pessoas jurídicas tributadas com base no lucro real, quarenta por cento das doações e trinta por cento dos patrocínios.

§ 1º A pessoa jurídica tributada com base no lucro real poderá abater as doações e patrocínios como despesa operacional. (Brasil, 1991a)

Aqui, os percentuais de abatimentos diretos do Imposto sobre a Renda (IR), todos parciais, apresentam diferenças para PFs e PJs. Enquanto para PFs são da ordem de 80% e 60%, para PJs esses percentuais são reduzidos exatamente pela metade. Eis um exemplo prático: para um investimento de 100 mil reais realizado por intermédio da Lei Rouanet, uma PF abateria em seu IR devido 80 mil reais, no caso de doações, ou 60 mil reais, no caso de patrocínio. Para um investimento no mesmo valor, uma PJ abateria em seu IR 40 mil reais para doação ou 30 mil reais para patrocínios.

Entretanto, como nos moldes do estabelecido na Lei Sarney, na Lei Rouanet é dada à PJ a prerrogativa de "abater as doações e patrocínios como despesa operacional", conforme consta em seu art. 18, parágrafo 2º. Na prática, isso implica um acréscimo máximo de 25%, dos valores globais incentivados. Para o exemplo acima, os abatimentos poderiam passar para 65 mil reais para as doações e 55 mil reaispara os patrocínios, quando o incentivador é PJ (Brasil, 1991a).

É importante salientarmos que a lei estabelece limites para transações dessa natureza. De acordo com o art. 18 da Lei Rouanet, para PFs, o teto para investimentos é de 6% do valor do IR devido; já para PJs, esse limite cai para 4%.

Feitos os esclarecimentos sobre as duas modalidades, podemos nos concentrar no tema que dá título a esta seção: "Ampliação de recursos ou apropriação duvidosa?". No caso da Lei Rouanet, há duas conclusões possíveis:

1. Se tomarmos como base o contido no referido art. 18, os abatimentos são da ordem de 100% do montante investido. Se, nessa modalidade, a empresa ganha isenção total do valor aplicado em um projeto cultural, sua função é tão somente escolher a proposta a ser contemplada com os recursos, que são, em sua totalidade, públicos. Nesse caso, entendemos que pode ocorrer certa apropriação de recursos públicos pela iniciativa privada. Mesmo que pudessem ser justificáveis dentro de certos limites e normatizados em uma legislação específica, esses recursos seriam totalmente públicos e geridos pela iniciativa privada.

2. De outro modo, ao analisarmos a dinâmica do art. 26 dessa lei, observamos que, para PJs, os limites máximos de abatimento são de 60% do valor aplicado e, para PFs, de 80% do valor aplicado. Assim, podemos deduzir que, em ambas as situações, há um acréscimo ou uma complementação de recursos privados em uma ação artística ou cultural. Para o primeiro exemplo, esses montantes a mais são da ordem de 35%. Já no segundo caso, o acréscimo é da ordem de 20%. Sem dúvida, ocorre um incremento real dos valores alocados a projetos culturais, o que podemos entender como uma complementação privada direta nos orçamentos previstos para a arte e a cultura.

Em ambas as participações privadas, naturalmente, existem ganhos e perdas. Por essa razão, é necessário entendermos melhor o mecanismo que regula essa participação, bem como os limites concedidos pelo Poder Público às ações realizadas com recursos públicos.

2.2 Razões e justificativas

Nesta seção, examinaremos alguns aspectos dos mecanismos estaduais de incentivo à cultura. Ainda que cada estado brasileiro tenha autonomia para elaborar e implementar tais ferramentas, todos tomaram ou tomam como base a Lei Rouanet, o que torna suas iniciativas muito similares entre si.

2.2.1 Leis estaduais de incentivo à cultura

As leis estaduais de incentivo à cultura estão em franco crescimento em todo o Brasil. Existem vários estados com esse mecanismo implementado e em funcionamento: Bahia, Minas Gerais, Rio Grande do Sul, São Paulo, Rio de Janeiro, Ceará, Pernambuco, Paraná[5], entre outros.

Mesmo assim, não existe um calendário unificado de editais de concorrência, tampouco uma padronização de procedimentos de inscrição (formulários, documentos exigidos etc.). Isso dificulta sobremaneira a implementação de uma política nacional de financiamento por meio de leis de incentivo estaduais.

Para todos os estados que consultamos, existem dois segmentos distintos de aplicação dos recursos públicos: os **Fundos Estaduais de Cultura (FECs)**, com repasse direto

---

[5] O Paraná teve a Lei Estadual n. 17.043 aprovada em 30 de dezembro de 2011 (Paraná, 2011), regulamentada pelo Decreto n. 8.679, de 5 de agosto de 2013 (Paraná, 2013), mas efetivamente implementada apenas em 1º de dezembro de 2014 pela Secretaria de Estado da Cultura, por meio do Edital n. 1/2014 (Paraná, 2014). O período de apresentação de projetos se estendeu até 30 de março de 2015 e foi envolto em muita polêmica quanto às garantias das verbas previstas inicialmente para o mecanismo: 30 milhões de reais para todo o estado.

dos recursos aos empreendedores, e o **mecenato**, com a participação da iniciativa privada mediante isenções fiscais. Ambos seguem uma lógica semelhante à da Lei Rouanet[6].

O tributo utilizado no mecenato é o Imposto sobre Circulação de Mercadorias e Serviços (ICMS), que incide sobre a circulação de mercadorias, a prestação de serviços de transporte intermunicipal e interestadual e serviços de comunicação. De competência dos estados e do Distrito Federal, sua regulamentação está prevista na Lei Complementar n. 87, de 13 de setembro de 1996 (Brasil, 1996a), modificada pelas Leis Complementares n. 92, de 23 de dezembro de 1997 (Brasil, 1997), n. 99, de 20 de dezembro de 1999 (Brasil, 1999a), e n. 102, de 11 de julho de 2000 (Brasil, 2000a). As alíquotas de ICMS variam entre 17% e 19%[7], e os recolhimentos mensais do imposto devido obedecem a cronogramas estipulados pelas secretarias da Fazenda de cada estado. Assim, dados os pagamentos mensais com base em faturamentos efetivos de cada PJ, a lógica de investimento em projetos culturais por meio de leis de incentivo estaduais favorece e simplifica os processos de captação de recursos, se comparados a projetos da Lei Rouanet.

O mecanismo de repasse concebido para todos os casos é basicamente o mesmo. Após a obtenção de uma Certidão de Enquadramento, um projeto cultural está tecnicamente habilitado a angariar recursos com os devedores. Essa certidão, emitida por um órgão do Poder Público, baseia-se nas análises e nas decisões de comissões formadas por representantes qualificados, tanto dos segmentos artísticos quanto de orgãos oficiais, cujos trabalhos são coordenados pelas secretarias estaduais de Cultura ou órgãos equivalentes.

---

6   O Sistema Nacional de Cultura (SNC) determina que devem existir mecanismos de investimento direto pelos Poderes Públicos estaduais e municipais, os fundos estaduais ou municipais de incentivo. Já os mecanismos de mecenato, com a participação de empresas privadas e PFs por meio de isenções fiscais, são facultativos. Suas implementações dependem única e exclusivamente dos entes federados, estados e/ou municípios. Para mais informações, consulte Brasil (2011).

7   Veja a tabela completa com alíquotas de ICMS em todos os estados brasileiros em Calendário Consulta (2016).

Entretanto, dada a significativa diferença dos mecanismos de recolhimento dos impostos estaduais em cada estado, a natureza dos trabalhos de captação se torna bastante particular em cada um dos casos.

São dois os fatores que tornam distintas as leis de cada estado, tanto entre si quanto em relação à Lei Rouanet:

1. **Limites de isenção fiscal previstos** – A regra varia entre os estados, e os abatimentos vão de 80% a 100% dos valores repassados a um projeto. Então, as facilidades para se encontrar um incentivador dependem, naturalmente, do percentual de abatimento que cada uma das leis estipula.
2. **Data de repasse de recursos a um projeto cultural** – É a mesma do pagamento dos impostos (ICMS) pela empresa incentivadora. Assim, não há um prazo de espera para o reembolso dos incentivos. No momento do recolhimento dos tributos às Fazendas estaduais, a empresa canaliza um percentual a um projeto artístico ou cultural, em conformidade com os limites previstos em lei.

Os impactos dessa modalidade de repasse ainda carecem de estudos mais aprofundados, mas é possível concluirmos que ela pode ser um elemento facilitador para a conquista de um investidor.

Políticas de isenções fiscais têm sido implementadas em todo o Brasil, com vistas a ampliar as ações para os segmentos produtivos das artes e das culturas. A participação de amplos setores da sociedade tem contribuído para o aprimoramento de mecanismos dessa natureza, inserindo no campo das ações públicas segmentos culturais dos mais diversificados, uma vez que se trata de ações de investimento localizadas geograficamente, ou seja, de recursos regionais utilizados para produções regionais.

Nos últimos anos, as leis estaduais de incentivo têm se tornado ferramentas importantes no complexo de investimentos públicos para produções culturais. Seu aprimoramento e sua democratização podem representar um ganho não apenas para produtores e realizadores, mas também para toda a sociedade.

2.2.2 Leis municipais de incentivo à cultura

Com a criação e a implementação das Leis Sarney (1986) e Rouanet (1991), vários movimentos dos segmentos artísticos e de setores organizados da sociedade contribuíram para o surgimento de mecanismos similares em outras instâncias da Federação. Primeiramente em municípios de médio e grande porte e, depois, em outros de pequeno porte, várias iniciativas dos Poderes Executivo (prefeitos) ou Legislativo (vereadores) resultaram na implementação de diferentes modelos de leis de incentivo à cultura, o que modificou sensivelmente o mapa das produções artísticas no país.

A exemplo dos estados, nos municípios existem, geralmente, dois segmentos distintos de aplicação dos recursos públicos: os **Fundos Municipais de Cultura (FMCs)**, com repasse direto dos recursos aos empreendedores, e o **mecenato**, com a participação da iniciativa privada por meio de isenções fiscais. Ambos seguem uma lógica aproximada à da Lei Rouanet e, nas duas modalidades, há editais livres de concorrência pública, mas com diferenças importantes em cada caso.

Para o mecenato, geralmente há um ou dois editais anuais de concorrência pública, que contemplam os diversos segmentos artísticos e culturais. Os empreendedores encaminham seus projetos, que são avaliados por comissões específicas de cada área. As propostas aprovadas são divulgadas e habilitadas para captação.

Já no caso do Fundo, há vários editais anuais de concorrência, setorizados e organizados de forma a contemplar as demandas dos vários segmentos artísticos e culturais. Eles são publicados ao longo do ano fiscal vigente e têm seus resultados e efetivação de contratos no mesmo ano.

Os modelos e os mecanismos de leis municipais de incentivo à cultura variam segundo as características de cada cidade, ainda que os impostos sensibilizados sejam basicamente dois: o Imposto Predial e Territorial Urbano (IPTU) e o Imposto sobre Serviços (ISS), ambos municipais. Os níveis de tributação e os modelos e prazos de recolhimento desses impostos são distintos e obedecem a legislações e a interesses locais. A utilização de ambos, para fins de fomento às artes e às culturas, é bastante peculiar em cada cidade. Entretanto, podemos descrever em linhas gerais como são tais mecanismos e seus impactos nos modelos municipais de leis de incentivo à cultura.

O ISS, por se tratar de um tributo sobre o volume de serviços prestados, tem seu cálculo e recolhimento realizados mensalmente, com base em uma tabela de escalonamento prevista nas leis ordinárias de cada município. Geralmente, os percentuais dessa tributação variam de 2% a 5% do total dos serviços prestados[8]. Essas alíquotas podem sofrer alterações segundo critérios estabelecidos pelas próprias prefeituras, desde que aprovadas pelas câmaras municipais. Isso garante à Administração Pública municipal uma margem para a implementação de subsídios a segmentos que, eventualmente, sejam estratégicos para o desenvolvimento das cidades. Em outras palavras, a cidade pode optar por tributar serviços de forma diferenciada, a fim de estimular a criação ou a instalação de empresas em sua jurisdição. Ainda que essa seja uma ferramenta importante, pode desencadear uma guerra fiscal entre municípios próximos.

---

8   Com essa margem de 2% a 5%, os municípios efetivam uma prática de estímulo ou desestímulo à instalação de determinados tipos de empresas em seus limites políticos. Isso, na prática, é conhecido como *guerra fiscal*.

Portanto, o ISS é o imposto de maior incidência de participação de devedores em projetos artísticos e culturais municipais, em razão do fato de sua forma de recolhimento ser bastante simplificada, com base nos serviços prestados no mês fiscal anterior ao seu efetivo recolhimento. Normalmente, o prestador de serviços encaminha à secretaria municipal de Finanças um mapa com o total de suas atividades com base na emissão de notas fiscais e recolhe o imposto devido, calculado com base nas alíquotas pertinentes à suas atividades e ao seu porte.

A base de cálculo do IPTU, por sua vez, são os valores venais de bens imóveis, atribuídos pelas prefeituras. Aqui, devemos lembrar que esses valores são, por via de regra, bastante inferiores aos atribuídos pelas leis de mercado e, eventualmente, podem apresentar distorções, em prejuízo ou em ganho para o devedor. As normas que regulamentam as alíquotas de IPTU praticadas nas cidades também constam em suas leis ordinárias.

O recolhimento desse imposto, nos moldes do IR, também apresenta opções, deixando-se para o devedor a escolha pelo pagamento de uma cota única, com descontos, ou parcelada, sem descontos.

Alguns pontos em relação ao IPTU merecem destaque. O primeiro se refere à **tendência à concentração de pagamentos nos primeiros meses do ano fiscal**, nos moldes do que ocorre com o IR. Fevereiro e março são os meses que apresentam os mais elevados volumes de recolhimento, o que favorece, consequentemente, um incremento da participação de devedores em projetos artísticos e culturais municipais nesse período. O segundo ponto diz respeito à **relação das alíquotas com a metragem dos bens imóveis**. Normalmente, há uma progressão de alíquotas sugerida pelas leis municipais. Por consequência, os maiores devedores são grandes proprietários, que detêm maior poder de participação em processos cujos mecanismos sejam originários de isenções fiscais com repasses a determinados segmentos favorecidos, como artistas e produtores beneficiados pelas leis de incentivo à cultura.

Uma última consideração se refere aos **modelos dos mecanismos de repasse de recursos** pelos devedores aos beneficiários das leis municipais de incentivo à cultura. Estes são fatores importantes para entendermos, ao menos em parte, os limites desses instrumentos de incentivo:

a) datas de recolhimento, distintas para os dois impostos;
b) modelos de efetivação de créditos para os projetos artísticos e culturais.

Com relação às **datas de recolhimento**, observamos que, para o IPTU, existem as opções de pagamento à vista, concentrado nos primeiros meses do ano, e parcelamentos mensais, que são, em geral, de dez meses. Como o repasse de recursos para projetos artísticos e culturais via leis de incentivo é realizado com base nos tributos efetivamente devidos, a concentração de seu recolhimento em poucos meses do ano gera um afunilamento da demanda, o que, em alguns casos, dificulta a captação de recursos.

Por último, os **modelos de efetivação de créditos** para os projetos culturais obedecem a uma dinâmica bastante peculiar no que se refere às leis municipais de incentivo à cultura.

Para as leis federais – como é o caso da Lei Rouanet –, os investimentos em projetos são efetuados com repasse direto aos realizadores, com posterior abatimento no recolhimento do IR. É importante frisarmos que essa dedução, no entanto, ocorre após o investimento efetivo da empresa. Em outras palavras, os recursos são utilizados em projetos habilitados, com depósito em conta-corrente vinculada, e deduzidos, em parte ou no todo, quando do recolhimento dos tributos devidos pela empresa participante.

Por outro lado, no que se refere às leis municipais de incentivo à cultura, os repasses seguem, geralmente, outra lógica. Com base nos tributos ISS e IPTU, a empresa participante canaliza, no ato de seu recolhimento, uma porcentagem ao projeto cultural habilitado, também com depósito em uma conta vinculada.[9]

---

9 Descreveremos e analisaremos adiante os detalhes desses mecanismos de leis federais e municipais.

Pensemos rapidamente em todo o processo e na natureza dos envolvidos, com seus possíveis objetivos de participação: governos, produtores culturais e empresas. Cada um desses agentes tem seus interesses específicos e compõe um único ambiente; por meio das leis de incentivo à cultura, eles encontram nos mecanismos de repasse a possibilidade de tornar concretos seus ideais: os **governos** concedem financiamento às produções das demandas sociais (artistas e produtores culturais em geral); o **setor privado** participa de ações de produção, associando sua imagem a iniciativas de valor reconhecido por praticamente toda a sociedade[10]; e, por fim, **produtores e realizadores culturais** recebem fundos para seus projetos.

Como observamos, a princípio, essa ferramenta de fomento encontrou um ambiente favorável para sua implementação, pois contemplaria um amplo espectro social. Com o passar do tempo, contudo, surgiram vários questionamentos, os quais foram apresentados por críticos e estudiosos sobre o tema – Poder Público, grupos artísticos e culturais, juristas e toda uma gama de segmentos sociais. Isso deu origem a reflexões sobre a função das leis, dos procedimentos de repasse financeiro, dos limites de investimento e da natureza dos segmentos contemplados.

Ainda que importantes para o fomento às produções culturais, as leis municipais de incentivo vêm passando, nos últimos anos, por um amplo processo de questionamentos e reformas. Os resultados efetivos das discussões e da participação da sociedade serão sentidos nos próximos anos, com potenciais ganhos relacionados diretamente ao nível de participação da sociedade como um todo.

---

10   Você encontra esclarecimentos sobre o conceito de capital simbólico e sua relação com os valores dos diversos segmentos sociais no capítulo de "Introdução" desta obra.

2.2.3 As parcerias público-privadas e a democratização da gestão

Um dos principais pontos das críticas feitas à utilização das leis de incentivo, em especial aos mecanismos de mecenato, sejam eles federais, estaduais ou municipais, está contido no fato de a origem dos recursos utilizados ser pública.

No que diz respeito ao mecenato da Lei Rouanet, essa crítica também é amplificada pelos motivos que expusemos anteriormente: centralização dos investimentos na Região Sudeste do Brasil, com canalização da maior parte do montante aplicado em projetos de fácil e grande apelo comercial ou com a participação de artistas já consagrados, os quais, em tese, teriam perfeitas condições de viabilizar suas ideias artísticas com recursos próprios; outro motivo é a utilização do mecanismo por grandes empresas brasileiras, já detentoras de poder de realização com seus recursos próprios.

Uma vez que os recursos são da União – públicos, portanto –, seu emprego poderia estar sujeito a questionamentos do Poder Público ou da sociedade no que se refere a aspectos como:

- distribuição mais equilibrada entre estados ou regiões;
- níveis de percentuais de abatimento em cada modalidade;
- natureza das propostas contempladas com incentivos; e
- democratização do acesso aos bens artísticos e culturais.

A legislação que normatiza e regulamenta a utilização de fundos públicos provenientes de isenções fiscais não determina as formas de aplicação dos recursos nem pauta sua utilização por critérios de distribuição regional equitativa. Existem apenas conteúdos que sugerem a observação dos objetivos primeiros da lei, que são, em linhas gerais, estimular as produções artísticas e culturais independentes brasileiras e dar-lhes visibilidade.

Ainda assim, como se trata de recursos públicos, seu gerenciamento poderia ser contestado, caso não cumprisse obrigações inerentes à sua natureza mais ampla. Princípios de socialização e de distribuição minimamente equivalentes entre estados e regiões vêm norteando as críticas em todo o país. Entretanto, esses argumentos não encontram base legal, uma vez que a lei garante ao incentivador uma liberdade quase total de utilização dos recursos, cabendo ao proponente a prestação de contas quando da finalização das etapas previstas no projeto encaminhado e aprovado pela CNIC. A análise dessa prestação de contas leva em consideração tão somente questões orçamentárias e contábeis, sem qualquer outro critério.

Como vimos, mesmo para projetos que não contam com abatimentos reduzidos de 30% a 40% – os de música e artes integradas –, também é possível descontar o total incentivado como despesas operacionais. Assim, sobre esses valores não incidem tributações federais, podendo-se acrescer em 25% o montante isentado, obviamente até o limite de 4% do IR devido.

Desse modo, notamos que 65% dos recursos que viabilizam todas as atividades para projetos enquadrados no art. 26 da Lei Rouanet podem ser públicos. O restante (35%) pode ser de recursos próprios desembolsados pelos incentivadores – recursos privados, portanto.

A esse respeito, é importante compararmos modelos diferentes de programas desenvolvidos por grandes empresas brasileiras que se utilizam das leis de incentivo.

Sintetizando o que comentamos até este ponto da obra, para alguns desses grandes programas, os concursos têm como base propostas individuais encaminhadas ao MinC. Após sua aprovação pela CNIC, esses projetos estão habilitados a receber incentivos das empresas, que também promovem uma análise para a seleção desses mesmos projetos, agora segundo seus interesses corporativos, de publicidade ou quaisquer outros definidos por elas próprias.

De outro modo, outras grandes empresas nacionais mantêm todos os seus programas com projetos encaminhados à Lei Rouanet enquadrados no segmento *artes integradas*, até mesmo no caso das atividades que, se fossem desenvolvidas por meio de projetos individuais, garantiriam ao incentivador, ou seja, às próprias empresas, abatimentos de 100%.

Por mais paradoxal que pareça, em comparação a mecanismos similares com base em propostas individuais, este último modelo pode significar um ganho para toda a sociedade em investimentos em cultura ou, se preferirmos, um acréscimo de recursos em ações para arte e cultura, originário dos 35% completados com recursos próprios da empresa incentivadora.

Apesar de pouco percebida por analistas e estudiosos do tema, essa prática modifica substancialmente a dinâmica dos mecanismos de isenções fiscais, com alterações importantes nos percentuais de abatimento e implicações diretas na origem dos recursos utilizados, principalmente para os dois segmentos artísticos que não oferecem ao incentivador abatimentos de 100% pela Lei Rouanet: música popular e artes integradas.

Obviamente, essa argumentação se baseia única e exclusivamente nos aspectos econômicos da relação entre produtor cultural, incentivador, recursos públicos e sociedade. Existem outros aspectos que podem compor uma argumentação sobre a gestão, pela iniciativa privada, de parte desses recursos, no que se refere às atividades culturais. Elencamos aqui dois deles.

O primeiro diz respeito à **capacidade do gestor de divulgar, com alcance amplificado, os produtos resultantes da ação que recebeu os recursos públicos**.

Em algumas empresas incentivadoras, podem existir parcerias com foco em instituições públicas, fundações e secretarias de Cultura, organismos internacionais ligados à promoção da diversidade cultural, órgãos de imprensa de alcance local e nacional, universidades públicas, além de organizações não governamentais (ONGs). Isso poderia demonstrar e otimizar os esforços de incentivadores, no sentido de ampliar para segmentos importantes e menos assistidos da sociedade os resultados de ações financiadas, ao menos em parte, com recursos públicos.

Também podemos supor que um incentivador com grande poder de ação, dada sua importância no contexto econômico e social brasileiro, e que traga consigo o respaldo de uma marca importante tenha competências para otimizar conquistas em diversos segmentos de atuação, como em ações de divulgação dos bens resultantes dos investimentos, por exemplo. Por consequência, talvez projetos contemplados por programas desenvolvidos por grandes empresas brasileiras com a utilização de recursos públicos via isenções fiscais possam ser beneficiados pela marca da empresa incentivadora, e não relegados às suas condições de independentes solitários em um cenário de disputas intensas.

Assim, o Estado e a iniciativa privada poderiam estabelecer grandes e proveitosas alianças, caso se colocassem próximos, cooperativos e complementares em suas ações.

Ainda chamamos atenção para um segundo ponto, derivado em parte do primeiro, que se relaciona à **publicização ou socialização dos produtos resultantes dos investimentos**, sejam físicos, como CDs, DVDs, livros e filmes, sejam de outra natureza, como espetáculos de teatro e de música e exposições.

Em todos os casos, informações sobre o programa e sobre os participantes poderiam ser difundidas em plataformas físicas e virtuais, como em *sites* específicos de incentivadores e produtores/realizadores, com a consulta dos conteúdos aberta ao público, sem restrição de utilização, desde que citada a fonte. Para os produtos físicos, parte das tiragens poderia ter sua distribuição de forma gratuita e direcionada a centros de pesquisa e produção de arte, órgãos de imprensa, universidades, secretarias estaduais e municipais de Cultura, órgãos e departamentos do governo federal e demais instituições ligadas à produção e a estudos artísticos e culturais, tudo sob responsabilidade do incentivador, quando este for uma grande empresa (Fernandes, 2012).

Dessa forma, poderíamos ver semelhanças entre tais ações com o que encontramos nas leis de incentivo da França, da Colômbia e do Uruguai, bem como nas políticas de isenções fiscais dos Estados Unidos e da Inglaterra. Em todos esses países, a despeito das peculiaridades de seus mecanismos, um preceito liga suas naturezas. Na França, os produtos derivados de ações realizadas com a utilização de sua lei de incentivo não podem ser comercializados. Sua disponibilização gratuita à comunidade é obrigatória e prevista em lei.

Na Colômbia, no Uruguai, nos Estados Unidos e na Inglaterra, a utilização dos incentivos fiscais está restrita a entidades sem fins lucrativos, e suas atividades devem estar ligadas à produção artística, cultural, de pesquisa e assemelhados.

Lembremos agora que, no Brasil, para o uso de recursos da Lei Rouanet enquadrados em seu art. 26, não há qualquer impedimento relativo à comercialização dos produtos derivados. Os abatimentos concedidos a essa categoria podem alcançar o limite máximo de 65%. Na prática, isso significa que 35% de todos os recursos devem ser oriundos dos investidores privados. Se nenhum produto for comercializado sob quaisquer justificativas e *shows*, apresentações, DVDs, catálogos, vídeos, exposições etc. tiverem seu acesso público gratuito garantido aos diferentes segmentos sociais, mesmo por meio de plataformas digitais, é possível que ocorra um ganho substantivo nas ações, o que talvez justifique a utilização das políticas de incentivo e a isenção fiscal.

Outro fator ainda pode ser agregado ao nosso raciocínio: o desenvolvimento de um **trabalho sistemático para otimizar o fluxo de informações livres, das consequências das ações propriamente ditas e dos produtos delas derivados**. A percepção da importância dos grandes meios de comunicação (mídia) e um trabalho contínuo de aperfeiçoamento de procedimentos relacionados à condução de programas e resultados podem qualificar uma empresa incentivadora à utilização das leis de incentivo, com ganhos para toda a sociedade.

Com isso, produtores, artistas, diretores, professores, pesquisadores, jornalistas e funcionários das empresas podem ser os detentores das prerrogativas que norteiem as ações de programas em âmbito municipal, estadual e nacional.

Registramos um crescente descrédito das ações governamentais, em um contexto de minimização dos Estados nacionais, com um hiato no qual, em certa medida e no caso brasileiro, ganham envergadura as **participações privadas** levadas a cabo graças às leis de incentivo:

> Tem-se escrito profusamente sobre a crise da política atribuída à corrupção e à perda de credibilidade dos partidos, à sua substituição pela mídia e pelos tecnocratas. Quero destacar que, além disso, transferir as instâncias de decisão da **política** nacional para uma vaga **economia** transnacional está contribuindo para reduzir os governos nacionais a simples administradores de decisões alheias, atrofiando a imaginação socioeconômica e levando a esquecer as políticas de planejamento de longo prazo. Esse esvaziamento simbólico e material dos projetos nacionais deprime o interesse pela participação na vida pública. Mal se consegue reativá-la em períodos pré-eleitorais por meio de técnicas de marketing. (Canclini, 2007, p. 19, grifo do original)

Apesar das naturais, compreensíveis e justificáveis ressalvas feitas a essa transferência de responsabilidade, devemos imaginar a possibilidade de uma transformação profunda, em curso nos dias atuais, no entendimento do que significa **público**. Talvez a participação da sociedade na gestão de parte dos recursos públicos possa ser compreendida não como ausência do Estado constituído e, por consequência, de políticas públicas, mas como um modelo fundamentado em mecanismos democráticos e inclusivos. Como nos mostra Françoise Benhamou (2007, p. 168),

> A crítica a políticas culturais [públicas] gira em torno de três temas: em primeiro lugar, a ineficiência das instituições ou das regulamentações em comparação com o jogo do mercado. Em outros termos, não é porque existam diversas falhas de mercado que se deva recorrer à intervenção pública, um mecanismo ainda menos eficiente. Em segundo lugar a superavaliação dos efeitos externos positivos e, por último, os efeitos antirredistributivos das subvenções concedidas.

Não nos cabe aqui, nesta breve análise, intuir sobre a complexidade dos limites da atuação de parcelas da sociedade, tanto sobre o que se convencionou chamar de *bem público* quanto sobre a apropriação privada desse mesmo bem. A própria expressão traz em si divergências quanto à sua natureza, pois nem sempre um bem do Estado é um bem público.

Entretanto, ampliar o debate sobre a participação da sociedade no estabelecimento de consensos e de procedimentos relacionados à gestão democrática parece-nos essencial em tempos de globalização e participação democrática.

2.3 Financiamento coletivo: *crowdfunding*

O sistema de financiamento coletivo é uma ferramenta relativamente nova no Brasil, com as primeiras plataformas lançadas em 2011. Desde então, milhares de projetos foram realizados, fazendo girar milhões de reais em investimentos nos mais variados segmentos da sociedade, com impactos importantes sobre a economia e os empregos.

A seguir, comentaremos mais detalhadamente essa iniciativa, seus alcances e suas limitações.

2.3.1 Financiamento coletivo

O sistema de financiamento coletivo (*crowdfunding*, em inglês) nada mais é do que uma ferramenta para o investimento direto em uma ideia, seja ela qual for, por meio de plataformas virtuais (*sites*). O funcionamento desse mecanismo é bastante simples:

a) Em um *site* genérico ou específico, é exposta a ideia que se pretende viabilizar. Normalmente, são produzidos e apresentados textos e vídeos, de maneira clara, direta e sucinta, com o objetivo de arrecadar a quantia necessária para a realização do projeto.

b) A ideia é divulgada no *site*, em redes sociais e na plataforma, a fim de que a ação chegue a um número significativo de pessoas.

c) Em um prazo determinado em conjunto com a equipe que regula a plataforma, uma porcentagem ou a totalidade do montante solicitado[11] deve ser arrecadada. Se isso acontecer, o proponente recebe todo o dinheiro em sua conta bancária, deduzidos os custos administrativos.

Simples, não é mesmo? Contudo, não podemos imaginar que seja fácil; é preciso muito planejamento, acesso a amplas redes virtuais e, é claro, muita dedicação antes, durante e depois da campanha. Cabe fazermos uma rápida explanação acerca de cada um dos pontos citados anteriormente.

Primeiramente, é necessário encontrar um *site* de financiamento colaborativo adequado aos objetivos do projeto. Existem vários desse *sites* no Brasil, alguns genéricos, que aceitam projetos de qualquer natureza, e outros voltados para segmentos específicos de ações. O mais conhecido deles contabiliza 240 mil apoiadores, quase 2 mil projetos viabilizados e mais de 35 milhões de reais arrecadados de 2011, primeiro ano de funcionamento do *site*, até meados de 2016 (Catarse, 2015).

---

11   Existem plataformas que permitem a arrecadação parcial de recursos.

Escolhida a plataforma, o passo seguinte é preparar um material de divulgação do projeto idealizado a fim de produzir textos explicativos, fotos, vídeos e, é claro, um orçamento bem detalhado, além de compor um mapa de recompensas para quem contribuir. Em seguida, todos esse materiais devem ser postados na plataforma e divulgados em redes sociais – é evidente que os *sites* têm seus próprios mecanismos de divulgação, mas os maiores interessados no sucesso da ideia são os proponentes.

Com prazos que vão de 30 a 60 dias, em média, é preciso esforço para tornar o empreendimento conhecido pelo maior número de pessoas e, assim, ampliar o potencial de arrecadação. Quanto mais eficiente for a publicidade, mais chances a ideia terá de obter sucesso. As contribuições são feitas exclusivamente no ambiente virtual: com cartões de débito ou crédito, boletos bancários ou outras formas de pagamento, tudo com garantias e seguros, para evitar problemas às partes envolvidas.

Outro detalhe diz respeito às recompensas oferecidas. Geralmente, elas são progressivas, crescentes de acordo com o volume de cada investimento; ou seja, quanto maior for a quantia investida, maiores serão as recompensas.

Terminado o prazo, caso o projeto tenha conseguido alcançar o volume total de arrecadação, os valores são creditados em conta-corrente, deduzidas as taxas administrativas, que vão de 0% a 15%, em média. Caso não se tenha conquistado sucesso, todos os contribuintes recebem uma comunicação da plataforma associada, com duas opções para o dinheiro investido: receber toda a quantia de volta, sem nenhum desconto, ou ficar com um crédito equivalente na plataforma, para ser utilizado em outro projeto, à escolha do investidor.

Em linhas gerais, essa é a essência do *crowdfunding*, um modelo de financiamento coletivo, que viabiliza uma relação quase[12] direta entre o idealizador e seus potenciais investidores e que está em franco crescimento no Brasil e no mundo.

Assim, se você é um produtor cultural, articulado nas redes sociais e hábil com ferramentas de divulgação e empreendedorismo, vale a pena utilizar essa ferramenta.

2.3.2 Onde estão os financiadores?

O grande agente facilitador do surgimento das plataformas de financiamento colaborativo é, sem dúvida, a internet. Ela possibilitou uma revolução sem precedentes nas comunicações, ampliando sensivelmente as possibilidades de acesso à informação não centralizada.

No início dos anos 2000, a reboque da realidade virtual, surgiram os *sites* de relacionamento, também conhecidos como *redes sociais*, que, de certa maneira, organizam e aproximam interesses por meio de círculos virtuais de informações e interações. O potencial das redes sociais, em seu sentido mais amplo, ainda está por ser mensurado, mas é consensual a sua consolidação como uma das mais proeminentes e universais formas contemporâneas de relacionamento.

Em uma linguagem mais clara, quase todos estão conectados a algum tipo de rede social virtual. Pessoas, empresas e instituições de qualquer natureza têm algum tipo de mecanismo de comunicação, divulgação e interação virtual. Desse modo, a resposta para a pergunta "Onde estão os financiadores?" é simples: eles estão, sobretudo, nas redes sociais.

Das mais genéricas e abrangentes às mais específicas, o público em potencial para ser alcançado pelos mecanismos de financiamento coletivo está lá. Assim, uma campanha que pretenda ter sucesso não pode, em hipótese alguma, negligenciar essa realidade, tampouco

---

12 Empregamos a palavra *quase* porque a plataforma serve de agente que intermedeia a relação das partes interessadas: produtor e financiador.

apostar apenas em um dos mecanismos existentes. A presença em plataformas como Facebook, LinkedIn, Badoo, Flickr, Google, Twitter e Instagram, bem como uma ampla rede de contatos por *e-mail*, são, sem sombra de dúvidas, o roteiro que pode fazer uma ideia sair do papel e tornar-se real.

Em uma sociedade cada vez mais conectada e atrelada a dispositivos eletrônicos como *notebooks* e *smartphones*, as ferramentas de divulgação já estão sob total domínio e conhecimento; basta acessá-los e torná-los aliados na busca de financiamento para novas ideias.

2.3.3 Vantagens e limites da modalidade

No mundo contemporâneo, no qual a comunicação e a transferência instantânea de dados pela internet fazem parte da rotina de boa parte das pessoas, a busca de financiamentos colaborativos tem inúmeras vantagens, mas também encontra algumas dificuldades.

Em primeiro lugar, é importante saber que toda e qualquer investida nessa modalidade requer presença constante nos ambientes virtuais. Se o idealizador não é um "rato de internet", vê seus *e-mails* de 15 em 15 dias e tem uma conta pouco ativa em qualquer um dos *sites* de relacionamento, dificilmente encontrará um ambiente propício para conquistar qualquer objetivo por meio de financiamentos coletivos. Assim, o primeiro requisito é ter uma ação e uma presença virtuais corriqueiras, interativas e dinâmicas.

A comunicação direta com os investidores e a facilidade de acesso às informações são pontos positivos da ferramenta do *crowdfunding*. Uma ideia interessante, exposta de maneira criativa e objetiva, pode ganhar a simpatia de pessoas desconhecidas, mas que podem investir nessa ideia.

Por outro lado, a modalidade de *crowdfunding* também tem suas limitações, e uma delas está relacionada às práticas e aos comportamentos individuais e coletivos nacionais. No Brasil, parece não existir uma cultura de apoio direto a projetos de qualquer natureza. Arte, cultura e outras ações propostas por indivíduos ou instituições têm, historicamente, uma relativa dificuldade de angariar recursos para sua viabilização por meio de doações, patrocínios ou compras de produtos ou cotas antecipadas diretas.

Como as plataformas de financiamento coletivo proporcionam exatamente uma compra antecipada de um produto, físico ou não, um dos maiores obstáculos enfrentados por qualquer empreendedor é o de convencer alguém de que vale a pena investir. Ainda que possa haver várias outras recompensas além do produto em si, chegar até o público consumidor potencial, convencê-lo sobre a importância da proposta e, depois disso, conseguir que ele invista diretamente na ideia para receber algo em troca em um futuro próximo não é uma tarefa simples.

Em quase todas as plataformas, há informações disponíveis sobre projetos que obtiveram e que não obtiveram sucesso. Em todas elas, os dados são bastante claros: quanto maior o valor solicitado, maior a dificuldade de se alcançar êxito na arrecadação. Esse é, portanto, outro fator de dificuldade. Existe uma relação direta entre o valor requerido e os índices de sucesso da proposta.

É claro que o mesmo ocorre nos outros mecanismos, mas a relação não se dá da mesma forma. Isso será tema do próximo capítulo desta obra.

O aspecto a ser ressaltado aqui é o entendimento sobre as vantagens e as desvantagens do mecanismo de financiamento coletivo (*crowdfunding*) no Brasil. O sucesso da proposta depende de muitos fatores, sendo um deles a capacidade de articulação e convencimento do idealizador.

Síntese

Neste capítulo, expusemos dados históricos sobre os investimentos realizados em arte e cultura por meio da Lei Rouanet e analisamos os limites e os impactos econômicos e sociais resultantes da utilização dessa ferramenta.

Também apresentamos informações sobre as modalidades estaduais e municipais de incentivo às artes e às culturas, os trâmites burocráticos, as relações com o Poder Público e os meios de busca por incentivadores e patrocinadores em potencial.

Além disso, levantamos questões relativas à democratização e à eficiência da gestão pública de recursos, bem como fizemos sugestões para o aprimoramento de tais mecanismos.

Por fim, descrevemos pontos que julgamos ser importantes na busca por recursos para projetos artístico-culturais via financiamentos coletivos – o *crowdfunding* –, destacando sua natureza, suas vantagens e seus limites para um produtor cultural.

Atividades de autoavaliação

1. Em quase 25 anos de existência, a Lei Rouanet:
    a) contribuiu para a descentralização dos recursos públicos investidos em arte e cultura no Brasil.
    b) privilegiou artistas desconhecidos de todos os estados brasileiros.
    c) não proporcionou acesso aos recursos a artistas já consagrados.
    d) concentrou quase 70% dos investimentos públicos na Região Sudeste brasileira.

2. Quanto à participação da iniciativa privada nos mecanismos de incentivo, é correto afirmar que:
   a) sempre há um prejuízo para a sociedade, uma vez que todos os recursos são públicos e deveriam ser gerenciados pelo Poder Público.
   b) o modelo brasileiro segue os padrões de abatimentos/isenções praticados em outros países do mundo.
   c) no Brasil, os percentuais de abatimento/isenções são os mesmos para doadores, incentivadores e patrocinadores.
   d) em certos casos, pode ocorrer um incremento nos orçamentos previstos para arte e cultura por meio da utilização da Lei Rouanet.

3. Em todo o Brasil, as leis estaduais e municipais de incentivo à cultura:
   a) utilizam os mesmos impostos para sua implementação – o Imposto sobre Circulação de Mercadorias e Serviços – ICMS (estados), o Imposto Predial e Territorial Urbano – IPTU e o Imposto Sobre Serviços – ISS (municípios).
   b) contam apenas com o mecanismo do mecenato, com participação de empresas.
   c) recebem recursos do governo federal, oriundos da arrecadação do Imposto sobre a Renda (IR).
   d) existem apenas em estados com mais de 10 milhões e em municípios com até 1 milhão de habitantes.

4. Sobre a democratização da gestão dos recursos públicos para as artes e as culturas, é correto afirmar que:
   a) não há nada que sinalize isso no que se refere à participação da iniciativa privada.
   b) existe apenas nas leis municipais e estaduais de incentivo à cultura.

c) apenas os Fundos (Nacional, Estaduais e Municipais) de Cultura propiciam a democratização de recursos públicos.

d) pode ocorrer quando há conformidade com os critérios de participação a serem aprimorados por todo o conjunto da sociedade.

5. O *crowdfunding*, ou financiamento coletivo:
   a) é uma ferramenta voltada apenas para projetos artísticos e culturais.
   b) é constituído por diversos interesses e é um mecanismo de financiamento para projetos e ideias dos mais variados segmentos.
   c) depende da aprovação do Ministério da Fazenda.
   d) ainda é muito incipiente no Brasil e, portanto, não se apresenta como uma alternativa viável para um projeto cultural.

Atividades de aprendizagem

Questões para reflexão

1. Neste capítulo, comentamos que, a despeito dos objetivos de socialização de investimentos, democratização de acesso e contemplação da diversidade cultural brasileira, as leis federais de incentivo do país tenderam a uma concentração de recursos em determinadas regiões, especificamente o Sudeste, centro econômico brasileiro. Assim, podemos concluir que alguns dos objetivos presentes no corpo da Lei Rouanet não foram atingidos ou, na melhor das hipóteses, foram contemplados parcialmente. Ainda, se o Estado lança mão de um mecanismo dessa natureza, com

a finalidade de ampliar os montantes destinados às ações de fomento à produção cultural, os recursos empregados, públicos em sua natureza, tenderam e tendem a se manter atrelados a interesses privados, direcionados a ações de grande visibilidade e já detentoras de capital simbólico suficiente para se autopromoverem e se sustentarem. Você concorda com isso? Por quê?

2. Apesar de todas as limitações e de todos os problemas, a Lei Federal de Incentivo à Cultura foi a base para a proliferação de mecanismos similares em muitos dos entes federados, estados e municípios. Com algumas diferenças entre si e impactando impostos de outras naturezas (ICMS, no caso dos estados, ISS e IPTU, no caso dos municípios), os modelos adotados em todo o Brasil seguiram o estabelecido pela União. O que nos parece importante nesse contexto é o modelo de parcerias público-privadas que se desenvolveu em todo o país, com base em isenções fiscais ofertadas a empresas e na concessão de um relativo poder decisório a pessoas jurídicas e físicas no que se refere a investimentos em cultura. Você concorda com isso? Por quê?

3. Ainda que no Brasil não haja uma cultura de investimento privado direto em ações culturais, o modelo de financiamento coletivo (*crowdfunding*) atingiu patamares bastante significativos nos últimos anos. Mostrando-se uma alternativa para pequenos projetos, essa prática tem se destacado e contribuído para a efetivação de projetos e ideias culturais importantes em todo o Brasil. Você conhece algum projeto cultural que foi realizado com essa ferramenta? Relate sua experiência.

Atividades aplicadas: prática

1. Realize uma pesquisa no *site* do Ministério da Cultura (MinC)/Lei Rouanet e veja se a cidade, região ou estado onde você mora tem algum projeto aprovado e realizado. Em caso afirmativo, procure saber quem são os proponentes e quais são os resultados efetivos dessa ação, não apenas para os segmentos artísticos, mas para toda a sociedade. Investigue também que tipo de contrapartidas sociais foram propostas e efetivadas.

2. Pergunte a seus familiares e amigos com que frequência eles vão ao cinema, a espetáculos de música e teatro, a exposições etc. Em seguida, indague se eles já contribuíram com algum projeto cultural, financeiramente ou de qualquer outra maneira. De posse dos resultados, elabore uma pequena planilha com esses dados e, se puder, encaminhe-a para todos os entrevistados. Com essa planilha, você pode fazer uma breve exposição do que são as leis de incentivo e os sistemas de financiamento coletivo (*crowdfunding*), com *links* e todas as informações que você julgar importantes.

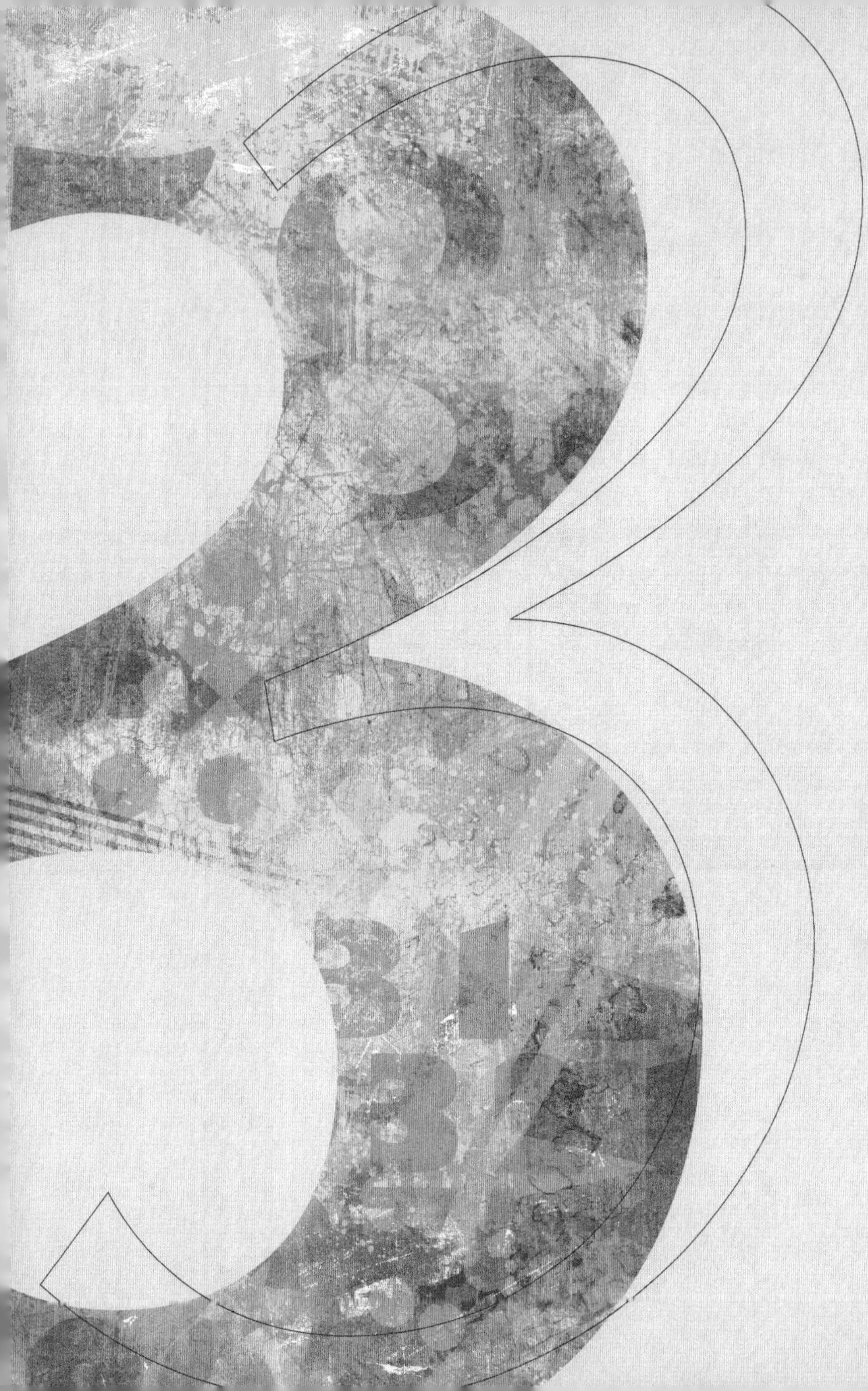

Da teoria à prática: elaboração de projetos culturais

Neste capítulo, trataremos de questões comparativas entre projetos de leis de incentivo e de financiamento coletivo.

Primeiramente, abordaremos questões mais diretas das duas modalidades e, logo em seguida, faremos uma explanação mais detalhada acerca da plataforma SalicWeb, do Ministério da Cultura (MinC), por meio da qual os projetos são cadastrados e enviados para análise com base na Lei Rouanet, e sobre diversos *sites* de financiamento coletivo, com suas peculiaridades e generalidades.

Em seguida, mostraremos os passos a serem seguidos para a elaboração de projetos nas duas modalidades: de acordo com a Lei Federal de Incentivo à Cultura – a Lei Rouanet – e com o modelo de uma plataforma genérica de financiamento coletivo – o Catarse.

Neste capítulo, as atividades de autoavaliação estarão vinculadas à elaboração de projetos culturais.

Desejamos a você uma boa leitura e um ótimo aproveitamento!

3.1 Como viabilizar uma ideia

Com base em todas as explanações sobre as leis de incentivo à cultura e as plataformas de financiamento coletivo (*crowdfunding*), analisaremos cada uma delas de modo a facilitar o entendimento sobre qual desses mecanismos pode ser útil a depender das especifidades do projeto a ser desenvolvido. Com características bastante distintas, as duas modalidades podem ser utilizadas em conjunto ou separadamente.

3.1.1 Leis de incentivo ou financiamento coletivo?

Como esclarece Néstor García Canclini (2006, p. 109-110),

> As indústrias culturais são hoje o principal recurso para que se fomentem o conhecimento recíproco e a coesão entre os múltiplos organismos e grupos em que se fragmentam as grandes cidades. A possibilidade de se reconstruir um imaginário comum para as experiências urbanas deve combinar o enraizamento territorial de bairros ou grupos com a participação solidária na informação e com o desenvolvimento cultural proporcionado pelos meios de comunicação de massa, na medida em que estes representem os interesses públicos. A cidadania já não se constitui apenas em relação a movimentos sociais locais, mas também em processos de comunicação de massa.

Devemos considerar as palavras de Canclini como referentes às produções realizadas na órbita do que se convencionou chamar de **indústria cultural** – bens simbólicos e materiais, frutos da expressão criativa dos povos, produzidos com fins comerciais, em um mercado amplamente globalizado, cujas regras foram estabelecidas e aprimoradas nos países ocidentais do Hemisfério Norte, ao longo, principalmente, do século XX.

Em boa parte do mundo, o Estado tem ocupado papel central em demandas dos vários campos de produção artística, no que se refere não apenas ao financiamento da produção, mas também ao estímulo a mecanismos para a ampliação de mercados consumidores, investimentos em ampliação e construção de espaços públicos para exposições das diferentes produções, entre outros. A diversidade da criação humana no campo das artes e a gradual transformação em atividade profissional geradora de capital têm resultado em uma pressão por regulamentações institucionais, condizentes com a natureza das sociedades em que essa criação se manifesta.[1]

Para além das fronteiras ideológicas, a indústria do entretenimento se consolidou, nas últimas décadas do século XX e no início do século XXI, como uma importante fonte de riqueza material, com o desenvolvimento de um intrincado complexo de produção, distribuição e comercialização de âmbito mundial. Em cada passo desse desenvolvimento, sempre estiveram presentes não apenas as iniciativas do capital privado, mas também as de Estados nacionais imbuídos dos mais variados objetivos.

Antes ou após a revolução digital, a "mão invisível do mercado"[2], em suas mais variadas formas, jamais foi a única a estabelecer "as regras da arte"[3]. Respeitadas as características de cada país, de cada região ou mesmo de cada continente, ações que visavam a ampliar o alcance das produções culturais nacionais foram, até certo ponto, justificadas

---

[1] A expressão *indústria criativa* tem sido utilizada para descrever atividades relacionadas aos campos de cultura, artes, educação, ciência, pesquisa e desenvolvimento, inseridas em um mercado de produção e consumo. Por causa da sua abrangência e dos inúmeros questionamentos relativos aos segmentos contemplados pela expressão, notadamente aqueles beneficiados por incentivos fiscais, optamos por não utilizar o conceito em nossos estudos. Você pode obter informações detalhadas em Howkins (2012) e no *site* Economia Criativa (2017).

[2] Termo usado por Adam Smith em *A riqueza das nações* (1983).

[3] Título de uma obra singular de Pierre Bourdieu (2002).

pelo entendimento de que elas representam ferramentas importantes para a expansão cultural, com resultados econômicos e sociais de grande impacto.

Nesse contexto, destacamos as peculiaridades das leis brasileiras de incentivo à cultura. Esse mecanismo, implementado em meados da década de 1980 e disseminado em todos os níveis de governo a partir de 1990, encontrou solo fértil no país, principalmente por ser uma ação capitaneada pelo Estado brasileiro (União) e por seus entes federados (estados e municípios). Isso tem um significado importante e pode esclarecer as questões sobre o mecanismo mais adequado para o financiamento de ações artísticas e culturais.

Diferentemente do que acontece nos Estados Unidos e em alguns países da Europa, não há, na sociedade brasileira, a cultura da doação ou do investimento privado em ações empreendedoras. Historicamente, no Brasil, o papel de financiamento dessas ações foi relegado aos Poderes Públicos em suas mais variadas instâncias, que, assumindo a função de representante dos interesses de toda a sociedade, se tornaram detentores das "obrigações" do financiamento de ações de naturezas diversas, que tragam em si algum tipo de interesse ou valor público, como as realizações artísticas e culturais.

De outro modo, as ações colaborativas, em seus mais variados contextos, formas e objetivos, têm crescido bastante no Brasil nos últimos anos. É o caso sobretudo de campanhas humanitárias ou assistenciais levadas a cabo por organizações ou institutos ligados a conglomerados empresariais (o Programa Criança Esperança, da Rede Globo de Televisão; o Teleton, do SBT, por exemplo), que angariam milhões de reais todos os anos, por meio de doações diretas de pessoas físicas (PFs) e pessoas jurídicas (PJs) brasileiras.

Mesmo assim, a cultura da doação ou do patrocínio direto para ações artísticas ou culturais permanece adormecida para a grande maioria dos brasileiros. Pouquíssimos são os empreendimentos que obtêm viabilidade por meio de financiamentos diretos da coletividade, com uma restrição ainda maior caso a iniciativa seja de PFs sem grande expressão perante o público e, é claro, a grande mídia.

O sistema colaborativo de financiamento, o *crowdfunding*, que abordamos no Capítulo 2, insere-se relativamente nessa lógica. Ainda que seja um mecanismo de pagamento antecipado por um produto que se receberá em um futuro, e não um investimento a fundo perdido – também conhecido como *doação* –, a relação direta entre realizador (proponente) e financiador (sociedade) pode resultar em uma certa resistência quanto à participação popular em grandes volumes. Talvez esse sistema ainda esteja em seus primórdios no Brasil, apesar de seu crescimento inequívoco.

De qualquer modo, a escolha entre a utilização das leis de incentivo e o financiamento colaborativo depende de muitas variáveis; o montante requerido, o grau de alcance público dos personagens envolvidos no projeto e a natureza da proposta, por exemplo, são algumas delas, mas existem outras de igual importância. Com isso, a decisão de encaminhar um projeto a um mecanismo público de financiamento (lei de incentivo) ou empreender um projeto de financiamento coletivo depende de análise criteriosa de vários fatores.

Naturalmente, nenhum desses mecanismos oferece garantias totais de sucesso. Ambos têm seus limites e suas vantagens. Cabe a cada empreendedor/realizador avaliar com prudência cada uma das ferramentas e buscar a que melhor se adéque a seus objetivos.

3.1.2 A plataforma SalicWeb

Há alguns anos, o MinC vem aprimorando seus mecanismos virtuais de procedimentos. Para os projetos encaminhados à análise com base na Lei Rouanet, na modalidade de incentivo fiscal – mecenato –, as inscrições são realizadas por meio de uma plataforma denominada *Sistema de Apoio às Leis de Incentivo à Cultura* (Salic). Nela, o projeto é inscrito e encaminhado à Comissão Nacional de Incentivo à Cultura (CNIC), sem a necessidade do envio de materiais físicos.

No endereço eletrônico <http://novosalic.cultura.gov.br>, deve-se preencher um breve cadastro com informações gerais sobre o usuário, que se torna apto a registrar sua proposta artística ou cultural para encaminhamento e análise da CNIC.

O registro inicial exige poucas informações: número do Cadastro de Pessoas Físicas (CPF), nome completo, data de nascimento e endereço eletrônico (*e-mail*) válido.

Apesar de sua aparente complexidade, o processo de inscrição é autoexplicativo[4] e exige apenas que o proponente tenha conhecimento do objeto requerido, ou seja, seu projeto de ação.

Após o preenchimento do cadastro geral, são solicitados os dados do proponente (PF ou PJ). Cadastrado, o proponente pode encaminhar quantos projetos quiser à CNIC, de qualquer natureza e montante financeiro requerido. Os critérios de análise são técnicos e enfocam a viabilidade da proposta por meio da análise da coerência das ações pretendidas, dos valores atribuídos a cada função, da relação entre atividades e quantidade de profissionais envolvidos, entre outros pontos que mostrem conhecimento da matéria, clareza de exposição de ideias e, é claro, histórico de realizações na área. Currículos, informações claras e objetivas e coerência de raciocínio são, no geral, elementos que habilitam uma proposta.

A plataforma Salic contempla também todas as fases do projeto, desde a apresentação da proposta, passando por eventuais recursos, questionamentos, diligências, requerimentos de alteração/readequação, relatórios e prestação de contas.

Dessa maneira, a centralização das informações acaba sendo um elemento facilitador para todos os envolvidos no processo, Poder Público e proponente.

Logo adiante, veremos alguns procedimentos básicos de cadastramento, apresentação e condução de projetos no MinC por meio da plataforma SalicWeb. Essas informações

---

4   Informações sobre legislação, normatização e procedimentos são disponibilizadas pelo MinC na plataforma SalicWeb e no *site* Versa (2013).

habilitam um possível proponente a utilizar os mecanismos da Lei Rouanet – Lei n. 8.313, de 23 de dezembro de 1991 (Brasil, 1991a).

3.1.3 *Sites* de financiamento coletivo

Como mencionamos no Capítulo 3, os sistemas de financiamento coletivo, o *crowdfunding*, seguem uma dinâmica direta de relacionamento entre proponentes e potenciais investidores, ou seja, sem atravessadores, sem mediadores e sem quaisquer impedimentos quanto à divulgação do projeto.

Uma diferença básica dessa ferramenta em relação às leis de incentivo é que, no financiamento coletivo, o proponente procura convencer os investidores em potencial de que a ideia é boa e, caso consiga arrecadar todo o montante proposto, seu compromissos com quem apostou no empreendimento é de sua inteira responsabilidade. Em outros termos, após receber o dinheiro arrecadado, o proponente deve prestar contas apenas às pessoas que empregaram algum recurso na ideia. O trabalho e a responsabilidade das plataformas terminam com o repasse dos recursos ao proponente, deduzidas as despesas administrativas, que, como já mencionamos, podem variar de 0% a 15%.

Existem vários *sites* especializados nessa modalidade, e cada um deles oferece alguma vantagem diferencial. Também há algumas páginas dedicadas a ações específicas, como vida animal, esporte e literatura.

Enfim, há vários modelos disponíveis no Brasil, e essa oferta não para de crescer. Todos trazem informações e estatísticas importantes, como análises de projetos bem e malsucedidos, tempos médios e valores – tudo para que o empreendedor conheça os segredos dos "vitoriosos" e os erros dos "não vitoriosos".

A seguir, destacaremos alguns desses *sites*, com suas especificidades e características. Em cada uma das plataformas, você pode encontrar respostas rápidas e diretas para suas dúvidas, além de informações, gráficos e estatísticas extremamente úteis.

3.1.3.1 Genéricos

O *site* **Catarse** (https://www.catarse.me/) aceita projetos de segmentos variados e cobra uma taxa de administração de 13%. Mais adiante, demostraremos o passo a passo de um projeto de financiamento coletivo nessa plataforma.

O **Kickante** (http://www.kickante.com.br/) cobra uma taxa de administração de 12%, mas tem um atrativo quando comparado às demais plataformas: apresenta uma modalidade de campanha flexível, na qual se pode estabelecer uma porcentagem mínima viável para a realização do projeto. Assim, caso não consiga arrecadar 100% dos recursos, mas o mínimo proposto, o proponente também recebe o montante arrecadado. A diferença é que a taxa de administração sobe dos 12%, previstos para o caso de arrecadação total, para 17% para arrecadações parciais.

O **Juntos.com.vc** (http://www.juntos.com.vc/pt/projects) não cobra taxa de administração. Na verdade, essa é uma plataforma que engloba várias outras de financiamento coletivo, algumas gerais e outras específicas.

O **Eu Patrocino** (http://www.eupatrocino.com.br/) aceita projetos de qualquer natureza e cobra uma taxa administrativa de 12%.

3.1.3.2 Esporte

O *site* **SalveSport** (http://www.salvesport.com/) é especializado em projetos relacionados a esportes. Pode ser um filme, um livro, uma ação de incentivo ou qualquer outra modalidade, desde que tenha o esporte como finalidade. O diferencial dessa plataforma é que também funciona como uma consultoria para as leis de incentivo. Assim, quando o objetivo é realizar um projeto dedicado ao esporte que também possa ser contemplado por uma lei, o SalveSport pode ajudar. A taxa de administração é de 12,5%.

3.1.3.3 Cervejas

O **Social Beers** (https://socialbeers.com.br/intro?next=socialbeers.com.br/) é uma ideia muito original: é dedicado a financiar a produção de cervejas artesanais em todo o Brasil. Caso a proposta tenha êxito, o investidor recebe em casa o produto e outros brindes, dependendo do valor da contribuição.

3.1.3.4 Literatura

O **BookStart** (https://www.bookstart.com.br/) é especializado em projetos literários, sobretudo publicações.

3.1.3.5 Causas animais

O **Bicharia** (https://www.bicharia.com.br/) é dedicado a causas de animais carentes e necessitados e cobra taxa administrativa de 10%.

3.2 Leis de incentivo: elaboração de projetos

Finalmente, versaremos sobre a elaboração de projetos nos moldes da Lei Rouanet e para uma plataforma de financiamento coletivo. Descreveremos uma prática genérica de trabalho, que pode ser útil a todos os futuros usuários das plataformas em questão, mas destacaremos projetos de artes visuais para a Lei Rouanet e de audiovisual para o financiamento coletivo.

Como já afirmamos, as plataformas são basicamente autoexplicativas e, quando não o são, fornecem o roteiro para a solução de quase todos os problemas.

É bom lembrarmos que a prática é extremamente importante para o aprimoramento das ações de um produtor ou proponente. Assim, quanto mais leitura, maior a habilidade na manipulação das ferramentas que podem levar à realização das ideias propostas. Então, caso você ainda não seja um produtor experiente, procure inteirar-se de experiências já vividas, conheça profissionais, mecanismos, leis etc.

3.2.1 Passo a passo na SalicWeb

A primeira etapa a ser realizada é o cadastro na plataforma SalicWeb. Quando se acessa o endereço <http://novosalic.cultura.gov.br>, encontra-se uma tela de acesso.

No centro dessa tela, deve-se clicar no botão *Não sou cadastrado*. O proponente deve fornecer todos os dados solicitados (CPF, nome completo, data de nascimento e *e-mail*) e salvar as informações. O cadastro está feito. Para acessar a página nas próximas entradas, basta fornecer o número do CPF e a senha cadastrados.

Já na primeira página, há informações importantes na janela *Comunicado aos proponentes*. Ela está dividida nos itens *Informações úteis*, *Atendimento ao proponente* e *Procedimentos necessários*. É importante ler tudo até o fim com a máxima atenção. Isso é muito útil em todo o processo de condução do projeto.

O passo seguinte é o cadastramento do proponente na aba *Administrativo*. Deve-se registrar as informações de cada proponente (PJ ou PF). O tópico é autoexplicativo e imprescindível para o registro do projeto. Caso se deseje utilizar o cadastro para encaminhar projetos de outros proponentes, é necessário o envio de uma procuração específica para habilitação no MinC para essa finalidade. O modelo também está disponível na plataforma e seu envio *on-line* é realizado na aba *Administrativo*. Deve-se clicar em *Procuração*, depois em *Cadastramento*, preencher os dados solicitados e enviar pelo ícone *Choose file*.

Na sequência, faz-se o efetivo preenchimento dos dados do projeto. Na aba *Proposta*, seleciona-se *Incentivo Fiscal Federal* e, depois, *Mecanismo*; por fim, clica-se em *Nova Proposta*, do lado direito da tela. Uma nova tela é aberta com o título *Declaração de Responsabilidade*, que abrange as exigências básicas de responsabilidade e conhecimento sobre o mecanismo. Para prosseguir, o proponente deve ler o conteúdo apresentado até o fim e marcar o botão *De Acordo*, destacado em vermelho no fim do texto. Feito isso, é acessado, finalmente, o formulário do mecenato da Lei Rouanet.

A partir desse ponto, os conhecimentos sobre o objeto de trabalho, o projeto, são fundamentais para o registro de uma proposta sólida e com chances de disputa em um mercado cada vez mais competitivo. O proponente precisa ser direto e claro nos textos e pensar que o projeto passará pelo crivo de profissionais gabaritados antes de ser aprovado. Assim, orçamentos, planos de trabalho, prazos e qualidade artística da proposta são extremamente importantes.

Na tela de *Proposta*, há a aba *Identificação da Proposta Cultural*, na qual devem ser registradas as informações iniciais importantes, como o nome e o resumo da proposta cultural, essenciais para que os avaliadores entendam o que se pretende realizar. Logo depois, no item *Informações Complementares*, são apresentados alguns dados administrativos e de extensão temporal do projeto. Após o preenchimento desses campos, passa-se para os tópicos mais descritivos, nos quais são essenciais as capacidades argumentativa e de síntese de ideias[5]. Os tópicos são os seguintes:

a) **Objetivos** – Faz-se a introdução sobre a ideia/proposta, com informações sobre o trabalho e o proponente (grupo ou artista individual). Clareza na exposição das ideias e fluência nas informações podem contribuir para a aprovação da proposta. Enumeram-se as ações previstas segundo suas prioridades. Uma boa estratégia consiste em dividir as informações em objetivos gerais – não mais do que seis ou oito itens – e objetivos específicos – especificidades das metas.

---

5 É importante perceber que os tópicos têm limites de caracteres, que geralmente são mostrados no canto inferior esquerdo de cada janela aberta.

Eis um exemplo:

> Este projeto tem como objetivo realizar exposições com o artista [***] nas cidades [***], [***] e [***]. Além disso, serão realizados circuitos de debates em cada cidade visitada, sempre contando com o artista [***] e um convidado local. A temática desses debates estará relacionada a [***] e [***], pontos da produção artística contemporânea ligada às artes visuais brasileiras.
> - Objetivos gerais:
>   - Promover interações de artistas de diferentes regiões brasileiras.
>   - Destacar a produção contemporânea das artes visuais.
>   - Promover esforços para a ampliação de um público consumidor.
> - Objetivos específicos:
>   - Divulgar a produção do artista [***].
>   - Realizar [***] mesas redondas com o artista [***] e os convidados [***].
>   - Estimular a presença de alunos das escolas de Belas Artes nos eventos realizados.

b) **Justificativa** – Comenta-se a importância da realização da proposta para a sociedade e para o segmento artístico específico. Deve-se explicar por que o projeto merece os incentivos pretendidos. Para que isso fique claro, é necessário demonstrar que, além de ter uma ideia original, o proponente tem conhecimentos sobre os recursos para viabilizá-la e conta com parceiros de gabarito em suas equipes artísticas e técnicas. As informações sobre realizações anteriores podem ser importantes, mas é preciso mostrar experiência e capacidade de maneira sintética. Também podem ser descritas as ações complementares, desde que isso contribua para a análise da exposição. Não é recomendável usar termos complexos nem fazer rodeios.

O item *Justificativa* é um dos mais importantes do projeto. Convencer uma pessoa que não conhece o proponente nem a sua ideia é a recompensa. O poder de argumentação conta muito para isso e também, é claro, a capacidade de produzir bons textos, com clareza e objetividade. O proponente pode seguir seus instintos, mas caso eles não se mostrem no momento necessário, sugerimos uma justificativa eficiente, como exemplificado a seguir.

- Cabe versar sobre o artista/grupo em questão:

> Com tantos anos de experiência, o artista [***] tem uma obra reconhecida em todo o país [ou na região ***], fruto de uma produção inovadora e bastante volumosa. Em mostras, exposições e publicações, seu trabalho já conquistou elogios dos mais importantes críticos de arte no Brasil e no exterior [ou na região ***] etc.

- Na sequência, é interessante comentar sobre a importância da ação:

> Com todo esse acúmulo, a interação do artista [***] e os artistas das cidades visitadas poderá servir para estimular as novas gerações a intensificar suas investigações sobre a produção das artes plásticas contemporâneas.

- Ao final é importante registrar que a ação trará benefícios não apenas para o artista [***], mas também para os patrocinadores (empresas, Ministério etc.) e para os demais artistas contemplados pelas ações do projeto e para o público.

c) **Acessibilidade** – São as garantias de acesso a diferentes parcelas da sociedade. Podem ser consideradas cotas para escolas especiais, convênios com secretarias estaduais ou municipais e quaisquer outros órgãos ligados a populações de pessoas com deficiências. O importante é evidenciar a preocupação com a acessibilidade e com as ações efetivas para garantir que todos possam participar da ação proposta.

d) **Democratização de acesso** – Nesse tópico, há duas frentes distintas: propostas para democratizar o acesso aos produtos resultantes e ações para a inclusão de estagiários, convidados ou alunos, de preferência de escolas públicas, nas ações e realizações do projeto. O ideal é contemplar as duas frentes. Se isso for possível, haverá boas chances de conquistar não apenas os analisadores e os pareceristas do projeto, mas também os patrocinadores futuros. A seguir, apresentamos algumas orientações que podem ajudar na elaboração desse tópico.

- Caso haja a cobrança de ingressos, é necessário garantir porcentagens para estudantes da rede pública de ensino e para segmentos assistidos por programas de resgate social.
- É interessante prever a realização de oficinas, *workshops* e bate-papos, sempre vinculados a convênios com instituições públicas ou privadas ligadas à ação principal do projeto.
- Vale também prever demais ações inclusivas e voltadas para pessoas de camadas da população pouco assistidas por ações semelhantes.

e) **Etapas de trabalho**[6] – Descreve-se o que se pretende fazer conforme as etapas sugeridas e enumeradas pelo MinC.

---

6   É possível realizar a organização e o preenchimento deste item antes do preenchimento da planilha orçamentária. Esse procedimento pode facilitar a identificação dos diversos itens previstos em todas as etapas dessa planilha, que comentaremos logo adiante.

Na verdade, esse item é um resumo do projeto, com informações sobre todas as ações previstas e sua vinculação à etapa equivalente a elas e sobre o tempo aproximadamente necessário para sua realização. É aconselhável seguir as sugestões apresentadas na sequência.

1. Pré-produção/preparação

   Nessa etapa, serão desenvolvidos os trabalhos de organização e planejamento de todas as metas que compõem o projeto. Serão elaborados os planos de ação de produção, divulgação e pós-produção; serão contratados todos os profissionais (artistas e técnicos), bem como as empresas que prestarão serviço para a realização dos objetivos previstos.

   Tempo estimado: [***] meses.

2. Produção/execução

   A produção e a execução do projeto contarão com os trabalhos de locação de espaço/teatro para a realização das exposições, a assinatura de contratos de prestação de serviços com artistas e técnicos, viagens, hospedagens e traslados de artistas convidados, locação de som e luz, além da organização de procedimentos de todos os profissionais técnicos e de criação envolvidos na realização: artistas convidados, figurinista, maquiador, fotógrafo, iluminador, contrarregra, engenheiro de som e todos os demais profissionais e serviços necessários e previstos.

   Tempo estimado: [***] meses.

3. Divulgação/comercialização

   A exposição da ação ao público contará com ações de envergadura com diferentes segmentos da imprensa. Serão contratados os serviços de assessoria de imprensa, com o objetivo de agir em todas as frentes da comunicação de massa: emissoras de rádios e televisão, jornais e revistas

impressos ou virtuais etc. O material visual contará com a criação e a programação de profissional da área para a elaboração de uma marca específica da ação, que comporá cartazes, *banners*, convites e toda e qualquer outra peça publicitária e de divulgação relacionada à ação. Também haverá a hospedagem, em endereço virtual específico, de todas as ações previstas no projeto, ao longo de todo
o período de sua realização, desde a pré-produção até a finalização e o lançamento do "produto". Todos esses trabalhos serão coordenados entre a produção e a comunicação do projeto.

Tempo estimado: [***] meses.

4. Custos administrativos

   Aqui, estão computadas as despesas de origens diversas, como contabilidade, despesas com telefonemas, materiais de escritório e de apoio, bem como despesas de produção para ações eventualmente necessárias e não previstas em itens específicos.

5. Impostos/taxas/seguros

   Aqui, são registradas as despesas com direitos autorais (Escritório Central de Arrecadação e Distribuição – Ecad), taxas de licenciamento etc.

f) **Ficha técnica** – Relacionam-se os principais participantes, com currículo resumido de cada um – cerca de seis linhas. O importante é registrar tão somente os nomes dos principais participantes. Isso facilita o processo quando são requeridas assinaturas, dados pessoais e tudo o que envolva a equipe de trabalho.

g) **Sinopse da obra** – Apresenta-se um resumo explicativo da obra/produto a ser realizado.

Devem ser prestadas somente as principais informações, os objetivos e do que trata a obra final: exposições, oficinas, *workshops* etc. Apesar de o limite desse tópico ser de 8 mil caracteres, não é recomendável aproximar-se desse limite. Uma dica é aproveitar os conteúdos dos tópicos "Objetivos" e "Justificativa" para elaborar a sinopse. Isso pode atribuir coerência narrativa ao projeto, o que significará alguns pontos a mais na "disputa".

h) **Impacto ambiental** – Caso o projeto contemple apresentações ou qualquer atividade ao ar livre, indicam-se os impactos ambientais previstos, bem como as medidas para minimizá-los.

Caso o projeto não contemple isso, é possível mencionar a utilização de papel reciclado nos itens impressos, a coleta de baterias com o público presente[7], entre outras ações relacionadas ao meio ambiente.

i) **Especificações técnicas do produto** – Apresentam-se os detalhes das exposições, o tamanho dos locais previstos, as características de impressos como livros, revistas, livretos e afins. Também devem estar contempladas as informações sobre projetos pedagógicos e planos de ação para cursos, oficinas, *workshops* e afins.

Caso não se disponha das especificações técnicas de tudo, é melhor deixar de lado alguns itens do que correr o risco de ter uma informação do projeto contestada.

j) **Outras informações** – Indica-se o que se julga necessário para complementar a explanação sobre o projeto.

---

[7] Para a coleta de baterias, é necessário um convênio com órgãos especializados, como secretarias estaduais ou municipais do Meio Ambiente ou organizações não governamentais (ONGs). Isso tudo deve estar especificado nesse item.

Esse item é bastante específico e voltado para propostas ligadas a museus e à aquisição de patrimônios e bens históricos. Caso o projeto não contemple nenhuma ação dessa natureza, o tópico é deixado em branco ou se escreve *Prejudicado*.

Finalizado o preenchimento desse item, segue-se para os próximos passos, todos eles elencados no lado esquerdo da tela principal da plataforma.

Quanto ao local de realização/deslocamento, as informações requeridas são dispostas em dois tópicos distintos. No primeiro deles, *Local de realização*, são cadastradas as cidades onde ocorrerão as ações do projeto. Isso vale para apresentações, exposições e quaisquer outras realizações.

No segundo, *Deslocamento*, são registrados os trechos a serem percorridos, bem como sua quantidade. Por exemplo, para uma viagem de Curitiba a Recife, especificam-se o país (Brasil), o estado (Paraná) e a cidade de origem (Curitiba); depois, o país (Brasil), o estado (Pernambuco) e a cidade de destino (Recife); e, finalmente, a quantidade de trechos previstos, ou seja, 1 (um) trecho, equivalente à ida e à volta.

Finalmente, passa-se a tratar do plano de divulgação do projeto, mas antes é preciso lembrar que, conforme determina a lei, o valor desse item não pode ultrapassar 20% do total do projeto. Portanto, é preciso tomar como base os valores da planilha orçamentária[8] antes de preencher as informações desse item. Todas as possibilidades de peças de divulgação são catalogadas na aba *Peça de divulgação*. Basta clicar nela para que se abra um leque de opções detalhadas. Ao escolher uma delas, a segunda aba, *Veículo de divulgação*, é habilitada com os detalhes complementares necessários.

Recomenda-se despender uma atenção especial no preenchimento dessas informações, já que isso demonstrará a compreensão sobre os caminhos necessários para a exposição da

---

8   Mais adiante, explicaremos em que consiste e a forma de preencher uma planilha orçamentária.

ação/produto, o que pode estimular mais ou menos os potenciais incentivadores. Mais uma vez, é fundamental lembrarmos que o único fator limitador é o valor em reais. O número e a natureza das peças de divulgação são decididos pelo proponente, pelo produtor/executor do projeto, mas o total gasto na divulgação não pode exceder 20% do valor do projeto.

Agora, segue-se para o plano de distribuição, cujo preenchimento é habilitado no lado esquerdo da tela. Todas as informações solicitadas nos campos apresentados se referem à totalidade das ações previstas. Ao selecionar o produto e a área – abas à esquerda da tela –, a janela *Segmento* é automaticamente habilitada para os itens relacionados. Caso o projeto envolva várias atividades (produção de material físico com posterior apresentação/exposição em várias cidades), exige-se o cadastro de planos de distribuição distintos e específicos para cada uma das ações.

Na sequência, segue-se para o item mais trabalhoso e com o maior número de especificidades no preenchimento. A planilha orçamentária é a "alma" do projeto, e nela estão contidas as funções e os serviços previstos em todas as etapas de realização, com detalhes específicos sobre fonte de recursos, local de realização, natureza da tarefa/serviço, indicadores físicos e de quantidade, valor unitário e tempo necessário para sua realização. Ao clicar na aba desse item, são abertas outras duas janelas, *Custos por Produtos* e *Custos Administrativos*. Existe uma vinculação direta desse item ao plano de distribuição. O cadastramento efetivamente realizado no plano determina, em certa medida, os itens dos custos.

Em *Custos por Produtos,* os itens são organizados em *Pré-Produção/Preparação*, *Produção/ Execução* e *Divulgação/Comercialização*[9]. As prestações de serviços e funções de todas as naturezas devem ser contempladas e incluídas segundo as peculiaridades de cada proposta. Para isso, é necessário cadastrar cada um dos itens, com os detalhes que citamos anteriormente.

---

9   Explicitamos essas subdivisões no item "Etapas de Trabalho".

Há ainda uma janela denominada *Detalhamento/Justificativa/Observações*, para que sejam feitos todos os complementos necessários para o perfeito entendimento de cada uma das atividades cadastradas. Enfim, essa etapa do preenchimento do formulário exige bastante atenção e conhecimento das especificidades da proposta elaborada. Como afirmamos, conhecimento, muita leitura e atualização são ingredientes mais do que necessários para o sucesso do proponente.

O preenchimento desses dados é muito simples, basta que aquele que produzirá a proposta tenha conhecimento do que realmente pretende, das peculiaridades e das carências das ações previstas em todas as etapas do projeto.

Em *Custos Administrativos*, a aba seguinte, são contempladas as despesas de escritório e contabilidade e, em *Recolhimentos*, os valores de impostos e taxas de responsabilidade do proponente do projeto[10].

Para termos uma visão mais geral de uma planilha orçamentária, expomos, na Figura 3.1, um modelo, feito em uma planilha, elaborada em um *software* de gráficos e cálculos matemáticos, próprio para tarefas contábeis e financeiras. Com essa planilha, é possível visualizar melhor as etapas dos projetos culturais, em especial os relacionados à Lei Rouanet.

É sempre bom lembrarmos, porém, que esta é uma planilha genérica com poucos itens. Ela serve apenas como exemplo e, depois de dominar minimamente as ferramentas do programa, o proponente pode fazer sua própria planilha, adequada às necessidades do projeto/proposta (Figura 3.1).

---

10 Existem impostos que são de responsabilidade do prestador de serviços, pelos quais o proponente/pagador tem a responsabilidade de retenção e posterior recolhimento ao Fisco, caso o pagamento seja feito por meio de Recibo de Pagamento a Autônomo (RPA).

Figura 3.1 – Planilha orçamentária

EXEMPLO GENÉRICO DE PLANILHA ORÇAMENTÁRIA				
1. PRÉ-PRODUÇÃO/PREPARAÇÃO	Quantidade	Unidade	Valor Unitário	Valor Total
1.1 Produtor Executivo	1	Cachê	10,00	10,00
1.2 Assistente de Produção Executiva	1	Cachê	5,00	5,00
1.3 Profissional tal	1	Cachê	1,00	1,00
1.4 Atividade tal	10	hora	1,00	10,00
SUB-TOTAL DO ITEM				**26,00**
2. PRODUÇÃO/EXECUÇÃO				
2.1 Profissional 1	1	dias	10,00	10,00
2.2 Profissional 2	1	dias	5,00	5,00
2.3 Atividade 1	1	Cachê	1,00	1,00
2.4 Atividade 2	1	Cachê	1,00	1,00
SUB-TOTAL DO ITEM				**17,00**
3. DIVULGAÇÃO/COMERCIALIZAÇÃO				
3.1 Assessoria de Imprensa	1	Verba	5,00	5,00
3.2 Rádio	1	Verba	1,00	1,00
3.3 Internet – homepage	1	Verba	1,00	1,00
3.4 Jornais – mídia impressa	1	Verba	1,00	1,00
SUB-TOTAL DO ITEM				**8,00**
4.1 CUSTOS ADMINISTRATIVOS				
4.1.1 Contador	1	Verba	1,00	1,00
4.1.2 Material de Escritório	1	Verba	1,00	1,00
4.1.3 Despesas de produção – Todas as Fases	1	Verba	1,00	1,00
SUB-TOTAL DO ITEM				**3,00**
4.2 IMPOSTOS/TAXAS/SEGUROS				
4.2.1 ECAD	1	Verba	1,00	1,00
4.2.2 Seguros	1	Verba	1,00	1,00
SUB-TOTAL DO ITEM				**2,00**
TOTAL GERAL				**56,00**

Preenchida a planilha, faz-se a anexação dos documentos exigidos pelo MinC, na aba *Anexar Documentos*. Abre-se uma segunda janela com as opções *Proponente* e *Proposta*. Em cada uma delas, há uma relação específica de documentos a serem anexados e enviados quando do encaminhamento efetivo do projeto ao Ministério. É claro que, para cada área artística e cultural, existem exigências específicas. Para saber exatamente o que enviar, o proponente pode conferir o conteúdo de manuais, em uma aba localizada no canto direito superior da primeira tela aberta após o cadastro como usuário. Todos os documentos necessários para o envio de propostas ao mecenato da Lei Rouanet, bem como normativas de todas as fases de condução do projeto, requerimentos e afins, estão contidos nessa janela. Recomendamos a leitura atenta de todos os itens, antes do início de qualquer outro procedimento.

Feito isso, a proposta é analisada pela CNIC e, em caso de aprovação, o produtor precisa ir em busca de incentivadores ou patrocinadores para seu projeto.

3.3 Financiamento coletivo: dicas e procedimentos

Nesta seção, apresentaremos um exemplo de formatação de projeto em sistemas colaborativos. Como existem várias plataformas disponíveis, com procedimentos distintos e peculiares, sugerimos ler atentamente todas as instruções disponíveis em cada uma delas. Regulamentações, procedimentos, obrigações, deveres, dados históricos e muitas outras informações úteis estão disponíveis para ajudar qualquer proponente a otimizar seus recursos e energia.

Depois da escolha da plataforma mais adequada aos objetivos do projeto, cabe proceder ao preenchimento da proposta.

3.3.1 Projeto de *crowdfunding*

Na sequência, descreveremos a submissão de propostas em uma plataforma de financiamento coletivo, ou *crowdfunding*.

Como exemplo, vamos considerar a plataforma do *site* Catarse (https://www.catarse.me) para cadastrar um projeto fictício de audiovisual. Como já afirmamos, o conhecimento dos objetivos é uma condição básica. Sem isso, nada pode ser feito.

Para essa modalidade, não existem formulários específicos nem informações obrigatórias, mas os princípios que regem sua organização são mais ou menos os mesmos dos observados na Lei Rouanet, os quais mencionamos anteriormente. Assim, o proponente deve ser objetivo, direto e claro; mostrar que tem conhecimento acerca da ideia proposta; apresentar informações de naturezas diversificadas (fotos, vídeos, textos etc.); e, sobretudo, manter-se à disposição para esclarecimentos de qualquer dúvida relativa ao projeto.

O primeiro passo é preencher um cadastro em uma das plataformas escolhidas. Para isso, exigem-se um endereço de *e-mail* e uma senha. As demais informações, como nome, dados bancários, endereço e cartões, são prestadas após o primeiro acesso ao portal. Concluído o cadastro, os passos são relativamente simples, e a equipe das plataformas fica disponível para ajudar, caso necessário.

Em geral, a elaboração do projeto é iniciada em uma aba denominada <u>*Comece o seu projeto*</u> ou algo similar. O nome do projeto e a categoria na qual ele se insere (música, literatura, artes visuais, audiovisual, jornalismo etc.) são obrigatórios, com as categorias apresentadas como opções para o proponente. Na sequência, deve-se colocar todos os textos, *links*, vídeos, fotos e demais informações que forem necessárias para a conquista dos contribuidores.

Ainda que cada plataforma tenha seu próprio banco de dados e sugira procedimentos específicos, alguns são comuns a todas, os quais estão descritos a seguir:

a) **Não ignorar a experiência alheia**. Antes de tudo, recomenda-se ler atentamente as considerações, os manuais e as estatísticas das plataformas de financiamento coletivo. Lá estão contidas informações importantes, todas elas com base em acertos e erros ao longo do tempo, de centenas ou milhares de projetos, alguns dos quais são semelhantes ao que se pretende propor.

b) **Produzir um vídeo para apresentar a ideia**, esclarecendo-se o objetivo básico do projeto e as recompensas oferecidas aos apoiadores. De preferência, esse vídeo não deve ter mais do que dois minutos; ele deve ser curto, objetivo e esclarecedor.

c) **Mostrar como o dinheiro arrecadado será utilizado.** Além de um texto bem escrito e em linguagem coloquial – nada de formalismos exagerados nem de gírias do dia a dia –, cabe inserir gráficos explicativos. Isso ajuda o leitor/navegador/investidor a compreender a proposta.

d) **Criar uma imagem própria para o projeto.** Isso personaliza a ação e passa a mensagem de que houve cuidado e dedicação na iniciativa, o que é muito importante.

e) **Criar um *slogan* para o projeto.** Com sorte, isso pode "viralizar"[11] nas redes sociais, o que será uma grande ajuda para a divulgação do projeto e, é claro, para um incremento da arrecadação.

f) **Elaborar uma tabela não muito extensa de recompensas**, mas que valorize todos os contribuintes, dos mais modestos aos de maior envergadura. Geralmente, os limites mínimos de valores para investimento são estipulados pela plataforma, mas não os máximos. Contudo, é claro que deve haver uma coerência na escala de contribuições, o que indica o domínio e o conhecimento sobre a matéria ou sobre o projeto.

---

11   Na linguagem virtual, *viralizar* é o mesmo que "popularizar-se", "disseminar".

g) **As estatísticas históricas indicam que um prazo mais longo de campanha não significa, necessariamente, maior probabilidade de sucesso**. Além de ser necessário mais fôlego para manter ações de divulgação por mais tempo, o público tende a cansar com a repetição da informação. Assim, é aconselhável considerar prazos mais curtos, entre 30 e 45 dias, ainda que isso possa parecer pouco.

Metas financeiras e prazos também são dados muito importantes. É essencial tomar cuidado para não superestimar a capacidade de ação e colocar valores excessivamente altos ou prazos curtos ou longos demais.

Em seguida, o proponente deve indicar suas pretensões. É importante ser objetivo e utilizar uma linguagem acessível, lembrando sempre que o público é o mais eclético possível. Então, vale seguir as orientações da plataforma e prestar esclarecimentos aos apoiadores.

Um dos pontos altos de um projeto de *crowdfunding* é o elemento audiovisual de divulgação. O vídeo deve ser criativo, conter informações sobre a ideia e sobre o proponente e, é claro, não pode haver problema técnico que comprometa o entendimento das informações. Isso significa dizer que imagem e som devem estar em perfeitas condições.

Depois de pronto, o vídeo deve ser postado no YouTube (https://www.youtube.com/) ou no Vimeo (https://vimeo.com/), que, além de serem as mais conhecidas redes de compartilhamento de vídeos, são as aceitas pela maioria das plataformas de financiamento coletivo no Brasil e no mundo. O *link* do vídeo deve ser indicado na plataforma de financiamento coletivo.

Em seguida, deve-se cadastrar o orçamento do projeto de audiovisual. Quanto mais transparência, melhor. Não é aconselhável omitir nenhuma informação; é desejável trabalhar com valores realistas, condizentes com o currículo, com as pretensões, com a capacidade de realização e, é claro, o mais coerentes possível em relação aos valores médios praticados pelo mercado.

Caso sejam declarados valores muito baixos, os avaliadores podem pensar que o proponente não domina o assunto. Já valores muito altos podem sugerir que o objetivo é, acima de tudo, ganhar dinheiro fácil. Então, *coerência* e *realismo* são as palavras de ordem.

Faltam, agora, apenas os itens de divulgação, de recompensas aos apoiadores e, é claro, textos e fotos que informem sobre o proponente.

O *card* – ou cartão do projeto – nada mais é do que a imagem da proposta. Vale criar um *card* que seja leve, informativo e simples; nada com exageros de cores ou de traços e linhas.

Usa-se também uma frase de efeito que defina o projeto. Uma frase com potencial para "viralizar" na internet é o ideal.

O penúltimo item a ser preenchido é o das recompensas. Nele, é preciso especificar o que ganhará cada um dos apoiadores do projeto. As recompensas devem ser progressivas, ou seja, quem der mais ganhará mais. É interessante, ainda, estimular a participação com atrativos que possam dar destaque ou mesmo a participação direta na realização no projeto, tais como: "com 'X' reais, você poderá fazer uma visita aos locais de filmagem e, com 'Y' a mais, você poderá participar como figurante".

Enfim, vale usar a criatividade para estimular a participação das pessoas e, por consequência, a oferta de contribuições mais generosas para o projeto.

Finalmente, o proponente precisa comentar mais sobre si mesmo. Fotos interessantes e textos simples, com linguagem acessível e coloquial são sempre indicados. Cabe usar frases de efeito, mas não agir como se estivesse brincando. Leveza não pode ser confundida com despretensão. É essencial manter-se sóbrio e objetivo em todos os momentos, mostrando sempre profissionalismo e comprometimento com a proposta.

Depois de preenchidos todos os dados necessários, o esboço de projeto[12] segue para os coordenadores e gerentes da plataforma, que realizam uma análise técnica e de

---

12   Em geral, ele é chamado assim até seu envio aos gerentes da plataforma. Depois de aprovado, ele se torna efetivamente um projeto.

conteúdo da proposta, antes de publicá-la. Aprovado o resultado final pelo proponente e pela plataforma, o projeto é publicado e pode finalmente começar a receber doações e contribuições.

A partir desse momento, um dos fatores decisivos é a capacidade do proponente de empreender um ritmo de divulgação com base no trabalho diário exaustivo. É claro que as plataformas têm interesse direto no sucesso do empreendimento. A divulgação realizada por meio dos próprios *sites* é de grande importância. Entretanto, existem vários projetos em andamento, e todos receberão atenção e divulgação coletivos. Em resumo, ninguém melhor do que o proponente para cuidar com a devida atenção do projeto.

Nesse caso, os mecanismos de divulgação das redes sociais são extremamente úteis. Eventos, páginas exclusivas e promoções são sempre bem-vindos. Ainda que possa significar um custo extra para o projeto, se houver a possibilidade da contratação de ajuda profissional de uma assessoria de imprensa, isso conferirá um caráter ainda mais profissional à investida.

Terminados os prazos de captação e de investimento e na hipótese de o projeto obter sucesso, o total arrecadado é creditado na conta vinculada do proponente, deduzidas as taxas administrativas e com emissão da respectiva nota fiscal por parte da plataforma.

Desse momento em diante, a responsabilidade perante os investidores e apoiadores é exclusiva do proponente. Em outras palavras, a relação entre proponente e apoiador se mantém até a realização do projeto, com o respectivo cumprimento das obrigações relativas às recompensas previstas e acordadas.

Assim termina nossa explanação sobre a confecção de projetos colaborativos, uma modalidade que cresce no Brasil e no mundo e que desponta como uma alternativa em tempos de escassez de recursos para o financiamento das artes e das culturas.

Síntese

Neste capítulo, demonstramos as diferenças entre as formas de captação de recursos para um projeto cultural de acordo com as leis de incentivo e com os sistemas de financiamento coletivo (*crowdfunding*). Comentamos as características das duas modalidades, bem como os limites e as vantagens de cada uma delas.

Em seguida, apresentamos o passo a passo da elaboração de um projeto pela plataforma SalicWeb, em conformidade com a Lei Rouanet, desde o cadastramento de um proponente até os elementos mais importantes constituintes de um projeto, em todas as etapas exigidas pelo Ministério da Cultura (MinC).

Finalmente, descrevemos os procedimentos para a elaboração de um projeto de financiamento coletivo, tomando como base a plataforma Catarse. Utilizando também sugestões da plataforma, além do histórico de projetos bem-sucedidos disponíveis para consulta, expusemos algumas normas que podem ajudar os proponentes a otimizar seu tempo e potencializar suas possibilidades de êxito.

Atividades de autoavaliação

1. Os sistemas de financiamento coletivo são:
    a) modalidades de arrecadação de recursos em que a participação de investidores, apoiadores e doadores é restrita apenas a pessoas jurídicas.
    b) modalidades de arrecadação de recursos em que a participação de investidores, apoiadores e doadores é restrita apenas a pessoas físicas.
    c) modalidades de arrecadação de recursos restritas apenas a projetos artísticos e culturais.

d) modalidades de arrecadação de recursos para a realização de projetos dos mais variados segmentos da atividade humana, por meio de uma relação direta entre proponentes e apoiadores.

2. Para se cadastrar como proponente na plataforma SalicWeb, é necessário:
   a) ser brasileiro nato, portador de CPF, endereço fixo, *e-mail* e renda comprovada superior a quatro salários mínimos.
   b) ser residente no Brasil, com endereço fixo e renda comprovada superior a dois salários mínimos.
   c) ser cidadão brasileiro, maior de idade, portador de CPF, endereço e *e-mail*.
   d) ser brasileiro e portador de RG e *e-mail*.

3. Para cadastramento de um projeto cultural na plataforma SalicWeb, os itens a seguir são dispensáveis:
   a) acessibilidade, impacto ambiental e especificações técnicas do produto.
   b) acessibilidade, etapas de trabalho e sinopse da obra.
   c) vinculação a uma produtora constituída como pessoa jurídica ou com registro na Delegacia Regional do Trabalho (DRT).
   d) identificação da proposta cultural, justificativa e impacto ambiental.

4. Um bom projeto cultural deve contemplar as seguintes etapas de realização:
   a) pré-produção/preparação, divulgação e comercialização.
   b) produção/execução e custos administrativos.
   c) pré-produção/preparação, impostos e taxas e outros serviços.
   d) pré-produção/preparação; produção/execução; divulgação/comercialização; custos administrativos; impostos/taxas/seguros.

5. Em se tratando de financiamento coletivo, as recompensas são um fator preponderante para boa parte dos apoiadores. Dessa maneira:
   a) é importante escalonar com bom senso as recompensas oferecidas, valorizando-se cada uma das faixas da proposta.
   b) não importa a oferta de recompensas, pois geralmente quem apoia um projeto dessa natureza não está preocupado com retornos, sejam eles quais forem.
   c) as recompensas são relativamente importantes, mas o mais significativo é a exposição da ideia.
   d) as recompensas são uma forma de atrair apoiadores, e outros quesitos são de importância menor ou quase insignificantes.

Atividades de aprendizagem

Questões para reflexão

1. Respeitando-se as sensíveis diferenças entre as modalidades de apoio e financiamento que apresentamos neste capítulo, as duas são ferramentas importantes para a viabilização de projetos culturais. Ainda que uma tenha sua origem nos recursos públicos, e a outra, na participação de indivíduos ou empresas, ambas se mostram como possibilidades reais para artistas, produtores culturais e empreendedores alcançarem seus objetivos. As plataformas de cadastramento de projetos são bastante acessíveis a qualquer pessoa, e o acesso aos recursos

depende, em larga medida, de esforço e dedicação, a despeito das limitações e carências de cada uma das modalidades. O que você pensa a respeito? Reflita sobre essas ideias.

2. Em um mundo cada vez mais competitivo e profissionalizado, as responsabilidades de artistas e produtores culturais tendem a extrapolar suas atividades-fim. Mesmo que existam profissionais qualificados assessorando um projeto cultural, cabe ao artista o domínio mínimo de linguagens e procedimentos diversos que compõem o universo de seu campo de atuação. Entender a complexidade que engendra o acesso a recursos (públicos ou privados), os caminhos para o aperfeiçoamento da exposição adequada de ideias e o domínio das plataformas virtuais, entre *sites* de cadastramento de projetos e redes sociais, são necessidades cada vez mais prementes ao artista e empreendedor do presente. Você concorda com isso? Por quê?

Atividades aplicadas: prática

1. Realize um levantamento, tópico por tópico, dos itens exigidos para o cadastramento de proponente e projeto cultural pela Lei Rouanet, no seguinte endereço eletrônico: <http://novosalic.cultura.gov.br/>. Depois, compare esses itens com a real necessidade de seu projeto ou ideia de projeto cultural. Posteriormente, encaminhe suas considerações e sugestões ao Ministério da Cultura (MinC) por

meio do portal[13] apropriado a esse fim e aguarde o retorno. Isso vai ajudá-lo a se familiarizar com procedimentos e linguagens, ao mesmo tempo que poderá desmistificar a aparente distância existente entre o MinC e você.

2. Visite os *sites* de financiamento coletivo e, com base no conteúdo deste livro, elabore um pequeno resumo de cada um deles, com informações sobre suas especificidades, taxas administrativas, número e natureza de projetos que alcançaram êxito e valores. Depois, compare esses dados com o projeto que você tem em mente. Isso o ajudará a ampliar sua compreensão sobre os sistemas de financiamento coletivo, seus mecanismos e suas limitações.

---

13 Disponível em: <http://thacker.diraol.eng.br/mirrors/www.cultura.gov.br/*site*/2010/08/17/atendimento-ao-proponente-e-sistema-salicweb-passam-por-melhorias/>.

Considerações finais

Neste livro, procuramos esclarecer algumas questões que norteiam as produções artísticas e culturais no mundo contemporâneo e que são relacionadas, principalmente, aos mecanismos de financiamento e à sua relação com as perspectivas políticas e culturais.

Se, para as ações públicas baseadas em incentivos fiscais, as dificuldades são pautadas pelas dúvidas concernentes à apropriação de recursos públicos pela iniciativa privada, para os mecanismos de financiamento coletivo direto, o *crowdfunding*, as limitações e os questionamentos se inserem no campo da tradição e da cultura do investimento privado direto em iniciativas nascidas da sociedade.

Em ambos os mecanismos, há problemas, ganhos e limites para empreendedores, Poder Público e toda a sociedade.

No Capítulo 1, construímos um apanhado histórico sobre as políticas públicas voltadas para as artes e as culturas e examinamos questões sobre temas de grande importância na atualidade. O Sistema Nacional de Cultura (SNC) e suas derivações estaduais e municipais, a origem e o desenvolvimento das leis de incentivo à cultura no Brasil, os mecanismos da Lei Federal de Incentivo à Cultura, a Lei Rouanet, foram objeto de nossas análises, sempre tendo como foco o aprendizado acerca do tema central: o financiamento à cultura.

Estabelecemos comparações com os sistemas de gestão da cultura de outros países, no intuito de construir uma reflexão contextualizada em um mundo cada vez mais globalizado e inter-relacionado.

No Capítulo 2, abordamos os limites e problemas dos mecanismos existentes no Brasil, sobretudo aqueles pautados pelas isenções fiscais, com a participação da iniciativa privada:

os mecenatos das leis de incentivo. Também analisamos as leis estaduais e municipais brasileiras, tecendo uma linha de raciocínio progressiva e com base em informações atualizadas.

Os sistemas colaborativos de financiamento coletivo, o *crowdfunding*, foram foco de nossa atenção, por se apresentarem como uma alternativa real aos limites impostos pela burocracia e pelos níveis de concorrência existentes nas dinâmicas das leis de incentivo como um todo.

Realizamos uma comparação entre os dois modelos de financiamento (as leis de incentivo e os sistemas de financiamento coletivo), com uma abordagem direta e objetiva dos limites, das vantagens e das desvantagens de cada um dos mecanismos para as diversas demandas sociais existentes.

Por fim, na tentativa de contribuir para que você, leitor, possa desenvolver uma prática com base no conteúdo que expusemos nesta obra, apresentamos dois projetos fictícios, elaborados nas duas plataformas/segmentos que analisamos: as leis de incentivo (Lei Rouanet) e o sistema colaborativo de financiamento (*crowdfunding*).

Esperamos que, com essa gama de informações, você possa iniciar um processo de pesquisa e aprendizado sobre a realidade das produções artísticas e culturais e alguns dos seus mecanismos de fomento.

Referências

BENHAMOU, F. **A economia da cultura**. Cotia: Ateliê, 2007.

BICHARIA. Disponível em: <https://www.bicharia.com.br/>. Acesso em: 10 jan. 2017.

BOOKSTART. Disponível em: <https://www.bookstart.com.br/>. Acesso em: 10 jan. 2017.

BOURDIEU, P. **A economia das trocas simbólicas**. São Paulo: Perspectiva, 2005.

BOURDIEU, P. **As regras da arte**. São Paulo: Companhia das Letras, 2002.

BOURDIEU, P. **O poder simbólico**. Rio de Janeiro: Bertrand Brasil, 2003.

BRASIL. Câmara dos Deputados. Projeto de Lei n. 6.722. 2010a. Institui o Programa Nacional de Fomento e Incentivo à Cultura – Procultura, e dá outras providências. Disponível em: <http://www.camara.gov.br/proposicoesWeb/prop_mostrarintegra?codteor=730738&filename=PL+6722/2010>. Acesso em: 10 jan. 2017.

BRASIL. Constituição (1988). **Diário Oficial da União**, Poder Legislativo, Brasília, DF, 5 out. 1988. Disponível em: <http://www.planalto.gov.br/ccivil_03/Constituicao/Constituicao.htm>. Acesso em: 10 jan. 2017.

BRASIL. Constituição (1988). Emenda Constitucional n. 71, de 29 de novembro de 2012. **Diário Oficial da União**, Poder Executivo, Brasília, DF, 30 nov. 2012a. Disponível em: <http://www.planalto.gov.br/ccivil_03/Constituicao/Emendas/Emc/emc71.htm>. Acesso em: 21 dez. 2016.

BRASIL. Decreto n. 455, de 26 de fevereiro de 1992. **Diário Oficial da União**, Poder Executivo, Brasília, DF, 27 fev. 1992a. Disponível em: <http://www.planalto.gov.br/ccivil_03/decreto/Antigos/D0455.htm>. Acesso em: 22 dez. 2016.

BRASIL. Decreto n. 1.494, de 17 de maio de 1995. **Diário Oficial da União**, Poder Executivo, Brasília, DF, 18 maio 1995. Disponível em: <http://www.planalto.gov.br/ccivil_03/decreto/D1494.htm>. Acesso em: 21 dez. 2016.

BRASIL. Decreto n. 5.761, de 27 de abril de 2006. **Diário Oficial da União**, Poder Executivo, Brasília, DF, 28 abr. 2006. Disponível em: <http://www.planalto.gov.br/ccivil_03/_Ato2004-2006/2006/Decreto/D5761.htm>. Acesso em: 22 dez. 2016.

BRASIL. Decreto n. 43.178, de 5 de fevereiro de 1958. **Diário Oficial da União**, Poder Executivo, Rio de Janeiro, RJ, 7 fev. 1958. Disponível em: <http://legis.senado.gov.br/legislacao/ListaNormas.action?numero=43178&tipo_norma=DEC&data=19580205&link=s>. Acesso em: 21 dez. 2016.

BRASIL. Decreto n. 91.144, de 14 de março de 1985. **Diário Oficial da União**, Poder Executivo, Brasília, DF, 15 mar. 1985. Disponível em: <https://www.planalto.gov.br/ccivil_03/decreto/1980-1989/d91144.htm>. Acesso em: 21 dez. 2016.

BRASIL. Decreto n. 93.335, de 3 de outubro de 1986. **Diário Oficial da União**, Poder Executivo, Brasília, DF, 7 out. 1986a. Disponível em: <http://www.planalto.gov.br/ccivil_03/decreto/1980-1989/1985-1987/D93335.htm>. Acesso em: 21 dez. 2016.

BRASIL. Lei Complementar n. 87, de 13 de setembro de 1996. **Diário Oficial da União**, Poder Legislativo, Brasília, DF, 16 set. 1996a. Disponível em: <http://www.planalto.gov.br/ccivil_03/leis/LCP/Lcp87.htm>. Acesso em: 21 dez. 2016.

BRASIL. Lei Complementar n. 92, de 23 de dezembro de 1997. **Diário Oficial da União**, Poder Legislativo, Brasília, DF, 24 dez. 1997. Disponível em: <https://www.planalto.gov.br/ccivil_03/leis/LCP/Lcp92.htm>. Acesso em: 6 jan. 2017.

BRASIL. Lei Complementar n. 99, de 20 de dezembro de 1999. **Diário Oficial da União**, Poder Executivo, Brasília, DF, 21 dez. 1999a. Disponível em: <https://www.planalto.gov.br/ccivil_03/LEIS/LCP/Lcp99.htm>. Acesso em: 6 jan. 2017.

BRASIL. Lei Complementar n. 102, de 11 de julho de 2000. **Diário Oficial da União**, Poder Legislativo, Brasília, DF, 12 jul. 2000a. Disponível em: <http://www.planalto.gov.br/CCivil_03/leis/LCP/Lcp102.htm>. Acesso em: 6 jan. 2017.

BRASIL. Lei n. 6.385, de 7 de dezembro de 1976. **Diário Oficial da União**, Poder Legislativo, Brasília, DF, 9 dez. 1976. Disponível em: <http://www.planalto.gov.br/ccivil_03/leis/L6385.htm>. Acesso em: 10 jan. 2017.

BRASIL. Lei n. 7.505, de 2 de julho de 1986. **Diário Oficial da União**, Poder Executivo, Brasília, DF, 3 jul. 1986b. Disponível em: <http://www.planalto.gov.br/ccivil_03/leis/L7505.htm>. Acesso em: 21 dez. 2016.

BRASIL. Lei n. 7.624, de 5 de novembro de 1987. **Diário Oficial da União**, Poder Executivo, Brasília, DF, 6 nov. 1987. Disponível em: <http://www.planalto.gov.br/ccivil_03/LEIS/1980-1988/L7624.htm>. Acesso em: 21 dez. 2016.

BRASIL. Lei n. 8.028, de 12 de abril de 1990. **Diário Oficial da União**, Poder Executivo, Brasília, DF, 13 abr. 1990a. Disponível em: <http://www.planalto.gov.br/ccivil_03/leis/L8028.htm>. Acesso em: 21 dez. 2016.

BRASIL. Lei n. 8.029, de 12 de abril de 1990. **Diário Oficial da União**, Poder Executivo, Brasília, DF, 13 abr. 1990b. Disponível em: <http://www.planalto.gov.br/Ccivil_03/leis/L8029cons.htm>. Acesso em: 21 dez. 2016.

BRASIL. Lei n. 8.313, de 23 de dezembro de 1991. **Diário Oficial da União**, Poder Executivo, Brasília, DF, 24 dez. 1991a. Disponível em: <http://www.planalto.gov.br/ccivil_03/leis/L8313cons.htm>. Acesso em: 21 dez. 2016.

BRASIL. Lei n. 8.410, de 27 de março de 1992. **Diário Oficial da União**, Poder Executivo, Brasília, DF, 30 mar.1992b. Disponível em: <http://www.planalto.gov.br/ccivil_03/leis/1989_1994/L8410.htm>. Acesso em: 6 jan. 2016.

BRASIL. Lei n. 8.490, de 19 de novembro de 1992. **Diário Oficial da União**, Poder Executivo, Brasília, DF, 19 nov.1992c. Disponível em: <http://www.planalto.gov.br/ccivil_03/leis/L8490.htm>. Acesso em: 21 dez. 2016.

BRASIL. Lei n. 8.685, de 20 de julho de 1993. **Diário Oficial da União**, Poder Executivo, Brasília, DF, 21 jul. 1993b. Disponível em: <http://www.planalto.gov.br/ccivil_03/leis/L8685.htm>. Acesso em: 20 dez. 2016.

BRASIL. Lei n. 9.790, de 23 de março de 1999. **Diário Oficial da União**, Poder Legislativo, Brasília, DF, 24 mar. 1999b. Disponível em: <http://www.planalto.gov.br/ccivil_03/leis/L9790.htm>. Acesso em: 10 jan. 2017.

BRASIL. Lei n. 9.874, de 23 de novembro de 1999. **Diário Oficial da União**, Poder Executivo, Brasília, DF, 24 nov. 1999c. Disponível em: <http://www.planalto.gov.br/ccivil_03/leis/L9874.htm>. Acesso em: 22 dez. 2016.

BRASIL. Lei n. 13.018, de 22 de julho de 2014. **Diário Oficial da União**, Poder Legislativo, Brasília, DF, 23 jul. 2014. Disponível em: <http://www.planalto.gov.br/ccivil_03/_ato2011-2014/2014/lei/l13018.htm>. Acesso em: 21 dez. 2016.

BRASIL. Medida Provisória n. 1.871-26, de 24 de setembro de 1999. **Diário Oficial da União**, Poder Executivo, Brasília, DF, 25 set. 1999d. Disponível em: <http://www.planalto.gov.br/ccivil_03/mpv/Antigas/1871-26.htm>. Acesso em: 6 jan. 2017.

BRASIL. Medida Provisória n. 2.221, de 4 de setembro de 2001. **Diário Oficial da União**, Poder Executivo, Brasília, DF, 5 set. 2001 (Edição extra). Disponível em: <http://www.planalto.gov.br/ccivil_03/mpv/Antigas_2001/2221.htm>. Acesso em: 21 dez. 2016.

BRASIL. Ministério da Cultura. Conselho Nacional de Política Cultural. Secretaria de Articulação Institucional. **Estruturação, institucionalização e implementação do Sistema Nacional de Cultura**. Brasília: Ministério da Cultura, 2011. Disponível em: <http://www.cultura.gov.br/documents/10907/963783/livro11-602-para-aprovacao.pdf/d17c52f9-3a60-4196-af5c-a6655f028f3b>. Acesso em: 10 jan. 2017.

BRASIL. Ministério da Cultura. **Cultura Viva**: O que é a Política Nacional de Cultura Viva – PNCV? 6 ago. 2015. Disponível em: <http://www.cultura.gov.br/cultura-viva1>. Acesso em: 10 jan. 2017.

BRASIL. Ministério da Cultura. Funarte – Fundação Nacional de Artes. 2010b. Disponível em: <http://www.funarte.gov.br/>. Acesso em: 12 ago. 2016.

BRASIL. Ministério da Cultura. **Programa Nacional de Apoio à Cultura (Pronac)**: O que é? 14 jan. 2016a. Disponível em: <http://www.cultura.gov.br/programa-nacional-de-apoio-a-cultura-pronac->. Acesso em: 10 jan. 2017.

BRASIL. Ministério da Cultura. SalicNet – Sistema de Apoio às Leis de Incentivo à Cultura. **Mecenato**: captação de recursos por ano e região. Disponível em: <http://sistemas.cultura.gov.br/tmp/sc_pdf_20170201175453_533_conComparativoCaptacaoAnoRegiao.pdf >. Acesso em: 21 dez. 2016b.

BRASIL. Ministério da Cultura. **SAV – Secretaria do Audiovisual**. Disponível em: <http://www.cultura.gov.br/secretaria-do-audiovisual-sav>. Acesso em: 21 dez. 2016c.

BRASIL. Ministério da Cultura. Secretaria da Cidadania e da Diversidade Cultural. **Cultura Viva em números**. Brasília, set. 2012b.

BRASIL. Ministério da Cultura. Sistema Nacional de Cultura. **Números**: adesão dos municípios e estados no SNC – 01/08/2016. Disponível em: <http://www.cultura.gov.br/snc/situacao-dos-estados-e-municipios>. Acesso em: 12 ago. 2016d.

BRASIL. Ministério da Fazenda. Secretaria da Receita Federal do Brasil. **Legislação por assunto**. Disponível em: <http://idg.receita.fazenda.gov.br/acesso-rapido/legislacao/legislacao-por-assunto>. Acesso em: 21 dez. 2016e.

BRASIL. **Normas gerais**: IRPF (Imposto sobre a Renda das Pessoas Físicas). Disponível em: <http://idg.receita.fazenda.gov.br/acesso-rapido/legislacao/legislacao-por-assunto/ajuste-anual>. Acesso em: 21 dez. 2016f.

CALENDÁRIO CONSULTA. **Tabela ICMS 2016 atualizada**. Disponível em: <http://calendarioconsulta.com/tabela-icms/>. Acesso em: 21 dez. 2016.

CANCLINI, N. G. **A globalização imaginada**. São Paulo: Iluminuras, 2007.

CANCLINI, N. G. **Consumidores e cidadãos**: conflitos multiculturais da globalização. Rio de Janeiro: Ed. da UFRJ, 2006.

CANCLINI, N. G. **Latino-americanos à procura de um lugar neste século**. São Paulo: Iluminuras, 2008a.

CANCLINI, N. G. **Leitores, espectadores e internautas**. São Paulo: Iluminuras, 2008b.

CATARSE. **Mais de 2 mil projetos de crowdfunding financiados no Catarse**. 22 out. 2015. Disponível em: <http://blog.catarse.me/crowdfunding-financiados-catarse/#more-23554582356>. Acesso em: 10 jan. 2017.

DEBIT. **Tabela de IRRF**. Disponível em: <http://www.debit.com.br/lista_irrf.php>. Acesso em: 21 dez. 2016.

ECONET. **Despesas dedutíveis no lucro real**: disposições gerais (parte 2). 2011. Disponível em: <http://www.econeteditora.com.br/boletim_imposto_renda/ir-11/boletim-22/irpj_desp_dedut_lucro_real.php>. Acesso em: 21 dez. 2016.

ECONOMIA CRIATIVA. Disponível em: <www.economiacriativa.com>. Acesso em: 6 jan. 2017.

EU PATROCINO. Disponível em: <http://www.eupatrocino.com.br/>. Acesso em: 6 jan. 2017.

FERNANDES, K. **Rumos Cinema e Vídeo**. Depoimento concedido por e-mail a Ulisses Quadros de Moraes. São Paulo, 3 dez. 2012.

HOWKINS, J. **Economia criativa**: como ganhar dinheiro com ideias criativas. São Paulo: M. Books, 2012.

IBGE – Instituto Brasileiro de Geografia e Estatística. **Séries históricas e estatísticas**. Disponível em: <http://seriesestatisticas.ibge.gov.br/>. Acesso em: 2 jul. 2016.

JUNTOS.COM.VC. Disponível em: <http://www.juntos.com.vc/pt>. Acesso em: 20 jan. 2017.

KICKANTE. Disponível em: <http://www.kickante.com.br/>. Acesso em: 10 jan. 2017.

MORAES, U. Q. de. **Políticas públicas para o audiovisual**: as isenções fiscais e os limites entre o Estado e a iniciativa privada (1986-2010). 350p. Tese (Doutorado em História) – Departamento de História da Universidade Federal do Paraná, Curitiba, 2013. Disponível em: <http://www.humanas.ufpr.br/portal/historiapos/files/2013/05/Tese-Ulisses-Quadros-de-Moraes-Texto-Completo.pdf>. Acesso em: 2 nov. 2016.

OLIVEIRA, D. de. **Urbanização e industrialização no Paraná**. Curitiba: Seed, 2001.

ORTIZ, R. **Mundialização e cultura**. São Paulo: Brasiliense, 2007.

PARANÁ (Governo do Estado). Decreto n. 8.679, de 5 de agosto de 2013. **Diário Oficial do Paraná**, Poder Executivo, Curitiba, PR, 8 ago. 2013. Disponível em: <http://www.cultura.pr.gov.br/arquivos/File/cic/PROFICE/Decreto_n8679_13.pdf>. Acesso em: 6 jan. 2017.

PARANÁ (Governo do Estado). Lei n. 17.043, de 30 de dezembro de 2011. **Diário Oficial do Paraná**, Poder Executivo, Curitiba, PR, 30 dez. 2011. Disponível em: <http://www.cultura.pr.gov.br/arquivos/File/profice/Profice.pdf>. Acesso em: 6 jan. 2017.

PARANÁ (Governo do Estado). Secretaria de Estado da Cultura. **Edital n. 1/2014**. Disponível em: <http://www.cultura.pr.gov.br/arquivos/File/cic/PROFICE/PROFICE_EDITAL_001_RETIFICADO.pdf>. Acesso em: 12 ago. 2016.

PORTAL TRIBUTÁRIO. **O que é lucro presumido?** Disponível em: <http://www.portaltributario.com.br/artigos/oquee_lucropresumido.htm>. Acesso em: 21 dez. 2016a.

PORTAL TRIBUTÁRIO. **O que é lucro real?** Disponível em: <http://www.portaltributario.com.br/artigos/o-que-e-lucro-real.htm>. Acesso em: 21 dez. 2016b.

REIS, A. C. F. **Marketing cultural e financiamento da cultura**: teoria e prática em um estudo internacional comparado. São Paulo: Cengage Learning, 2009.

RUBIM, A. A. C.; BARBALHO, A. (Org.). **Políticas culturais no Brasil**. Salvador: Ed. da UFBA, 2007.

RUBIM, A. A. C. Políticas culturais no Brasil: tristes tradições, enormes desafios. In: RUBIM, A. A. C.; BARBALHO, A. (Org.). **Políticas culturais no Brasil**. Salvador: Ed. da UFBA, 2007. p. 11-36. (Coleção Cult). Disponível em: <https://repositorio.ufba.br/ri/bitstream/ufba/138/4/Politicas%20culturais%20no%20Brasil.pdf>. Acesso em: 21 dez. 2016.

RUBIM, A. A. C. Políticas culturais do Governo Lula/Gil: desafios e enfrentamentos. In: RUBIM, A. A. C.; BAYARDO, R. (Org.). **Políticas culturais na Ibero-América**. Salvador: Ed. da UFBA, 2008. p. 51-74. (Coleção Cult). Disponível em: <https://repositorio.ufba.br/ri/bitstream/ufba/157/1/POLITICAS%20CULTURAIS%20NA%20IBERO-AMERICA.pdf>. Acesso em: 21 dez. 2016.

SALVESPORT. Disponível em: <https://salvesport.wordpress.com/tag/*crowdfunding*/>. Acesso em: 10 jan. 2017.

SOCIAL BEERS. Disponível em: <https://socialbeers.com.br/intro?next=socialbeers.com.br/>. Acesso em: 10 jan. 2017.

SMITH, A. **A riqueza das nações**: investigação sobre sua natureza e suas causas. São Paulo: Abril Cultural, 1983.

VERSA.ART.BR. **MinC aprimora o sistema de inscrição de projetos SalicWeb**. 28 maio 2013. Disponível em: <http://versa.art.br/blog/minc-aprimora-o-sistema-de-inscricao-de-projetos-salic-web/>. Acesso em: 6 jan. 2017.

VIMEO. Disponível em: <https://vimeo.com/>. Acesso em: 6 jan. 2017.

WARNIER, J.-P. **A mundialização da cultura**. Bauru: Edusc, 2003.

WU, C.-T. **Privatização da cultura**: a intervenção corporativa nas artes desde os anos 80. São Paulo: Boitempo, 2006.

YOUTUBE. Disponível em: <https://www.youtube.com/>. Acesso em: 6 jan. 2017.

Bibliografia comentada

BENHAMOU, F. **A economia da cultura**. Cotia: Ateliê, 2007.

Nesse livro, a autora se dedica às relações de produção e consumo no mercado de obras de arte em vários segmentos: teatro, música, dança, literatura, cinema e artes visuais. Estão em foco também a constituição de mercados de trabalho e as políticas públicas de fomento à produção de bens artísticos e culturais em diversos países do mundo.

CANCLINI, N. G. **Consumidores e cidadãos**: conflitos multiculturais de globalização. Rio de Janeiro: Ed. da UFRJ, 2006.

Nessa obra, estão em pauta as relações de produção e consumo de bens artísticos e culturais características do mundo contemporâneo. A construção e a consolidação de um modelo de cidadania globalizada são a tônica da análise de uma realidade pautada pela crescente urbanização, com uma consequente mudança das bases culturais tradicionais.

CANCLINI, N. G. **A globalização imaginada**. São Paulo: Iluminuras, 2007.

Nesse livro, o autor analisa um mercado globalizado de bens artísticos e culturais, no qual as fronteiras tendem a desaparecer, mas mantendo a hegemonia das produções estadunidenses e europeias. As políticas públicas, coordenadas regionalmente, mas com foco em um mercado mundial de consumo, seriam, segundo Canclini, uma alternativa a essa dinâmica.

NATALE, E.; OLIVIERI, C. **Guia brasileiro de produção cultural**. São Paulo: Sesc, 2013.

Trata-se de um manual com relatos de práticas e procedimentos na área da produção cultural. Nele, há dicas de procedimentos, endereços de *sites* e plataformas de divulgação cultural. A experiência de quase 30 anos de trabalho dos autores é evidenciada pela objetividade dos dados e pela clareza das sugestões.

WARNIER, J.-P. **A mundialização da cultura**. Bauru: Edusc, 2003.

Esse é um livro importante para a compreensão das relações de produção e consumo de arte e cultura em centros urbanos, assim como sua vinculação com as políticas públicas voltadas para os diversos segmentos. O autor também analisa alguns conceitos básicos que norteiam o entendimento sobre as comunicações de massa, a indústria cultural e o mundo globalizado do século XXI.

Apêndice

Roteiro básico para plano de aula

I. Plano de aula

Nome da matéria/disciplina:

II. Dados de identificação

Nome do ministrante:
RG:
Outros dados solicitados:

III. Tema

Conteúdo específico da matéria.

IV. Objetivo geral

Breve indicação do objetivo geral a ser alcançado com a aula.

V. Objetivos específicos

Relação dos objetivos específicos a serem alcançados com a aula.
a.
b.
c.
d.

VI. Conteúdo

Detalhamento dos conteúdos previstos.
a.
b.
c.
d.

VII. Desenvolvimento do tema:

Indicação dos textos sugeridos para leitura prévia.
a.
b.
c.
d.

Relação dos textos e documentos entregues.
a.
b.
c.
d.

Explanação de conteúdos.
a.
b.
c.
d.

Data show.
a.
b.
c.
d.

Outros

VIII. Recursos didáticos

Menção aos recursos a serem empregados durante a aula: livros, projeções, apresentação oral etc.

IX. Avaliação

Explicação sobre as estratégias de avaliação do desempenho dos alunos na disciplina.

X. Bibliografia

Listagem dos artigos, livros e *sites* que serviram como fonte de pesquisa.

Respostas

Capítulo 1

Atividades de autoavaliação
1. d
2. d
3. c
4. b
5. d

Capítulo 2

Atividades de autoavaliação
1. d
2. d
3. a
4. d
5. b

Capítulo 3

Atividades de autoavaliação
1. e
2. c
3. c
4. d
5. a

Sobre o autor

Ulisses **Quadros Galetto de Moraes** é doutor em História pela Universidade Federal do Paraná (UFPR). Seus estudos são voltados para a área de políticas públicas para artes e culturas. É também músico, produtor, compositor, arranjador e *sound designer* (edição e mixagem) para cinema. Integra o Grupo Fato desde 1994.

Ministra cursos de pós-produção de som para cinema e áudio em diversas instituições públicas e privadas, cursos de graduação e pós-graduação na UFPR, na Universidade Estadual do Paraná (Unespar), no Centro Universitário de União da Vitória (Uniuv), na Universidade Tuiuti do Paraná (UTP) e na Pontifícia Universidade Católica do Paraná (PUCPR).

Como palestrante na área de produção cultural e políticas públicas, participou de eventos em várias cidades do Brasil.

Como curador, destacam-se suas participações nos projetos Rumos Musicais, do Itaú Cultural, em 2000-2001, e Palavra Aberta, da Brasil Telecom, em 2007-2008.

No cinema, trabalhou como *sound designer* e compositor em dezenas de produções, entre curtas e longas-metragens e séries para a TV.

Atua desde 1993 na composição de trilhas sonoras para teatro e cinema.

Desde 1997, produz, com Grace Torres, o programa Fora do Eixo, dedicado à música independente e veiculado pelas rádios FM É Paraná (Curitiba), UEL (Londrina) e WebRádio MultiRio (Rio de Janeiro).

Site: http://www.fato.org/
e-mail: ulissesgaletto@gmail.com

Impressão:
Fevereiro/2023